키워드로 보는 콘텐츠 대중문화

키워드로 보는 콘텐츠 대중문화

2024년 4월 5일 초판 인쇄
2024년 4월 8일 초판 발행

지은이 | 이현민
펴낸이 | 이찬규
펴낸곳 | 북코리아
등록번호 | 제03-01240호
주소 | 13209 경기도 성남시 중원구 사기막골로 45번길 14
우림2차 A동 1007호
전화 | 02-704-7840
팩스 | 02-704-7848
이메일 | ibookorea@naver.com
홈페이지 | www.북코리아.kr
ISBN | 978-89-6324-197-5 (03680)

값 17,000원

키워드로 보는

콘텐츠 대중문화

이현민 지음

북코리아

서문

글을 쓰는 것이 개인적 '즐거움'에서 하나의 '업무'가 되면서, 글이 생기를 잃고 있다는 느낌을 종종 받는다. 대중문화, 특히 세상 돌아가는 것에 대한 나의 생각을 전하는 글이기에 주제도 시각도 다양한데, 오히려 나의 글은 정형화되고 있다. 학자로서의 나와 대중문화평론가로서의 나, 두 포지션의 서로 다른 색깔이 정형화냐 참신함이냐를 고민하게도 한다.

그럼에도 나는 여전히 글을 쓰는 것이 재미있다. 다른 특별한 취미활동도 뾰족한 스트레스 해소법도 없지만, 다양한 콘텐츠를 편식없이 찾아보는 것, 그에 대한 나의 생각을 끄적여 보는 것. 이 두 가지만큼은 질리지 않고 하는 업이자 취미생활이다.

세상에는 많은 이야기가 존재하고 이에 대한 각자의 생각은 다르다. 나는 나의 글을 통해 이것이 맞고, 이것이 틀리다는 것을 이야기하고 싶지 않다. 현상에 대한 서로 다른 시각 중 한 가지를 제시할 수 있기를 바란다. 일련의 과정을 통해 다양한 논의까지 이루어질 수 있다면 더욱 기쁠 것이다.

이번 책은 몇 가지 키워드를 선정하고, 이를 이슈별, 트렌드별로 다시 묶어 해당 키워드와 연관된 다양한 사건이나 콘텐츠를 분석했다. PC주의, 문화 안보, 문화 정책, OTT 예능, 작가주의, 대중문화 현상 등을 다루었다. 특히 대중문화에서 가장 화두가 되고 있는 PC주의나 문화 안보 등을 다양한 문화콘텐츠와 결부지어 분석했다. PC주의의 경우, PC주의 바람이 콘텐츠에 미치는 영향과 그 콘텐츠가 대중에게 미친 영향 등에 대해 논의했다. 또 중국과 미국, 한국 생활에서 느낀 대중문화의 역할에 대한 고민을 통해 문화가 한 나라와 민족에 어떠한 사회문화적 영향을 미치는지 분석했다.

매체가 다양화되면서 우리는 콘텐츠의 홍수 속에 살고 있다. 빠르게 소비되는 콘텐츠를 우리 현실의 삶과 결부지어 이야기하는 것은 무척 흥미롭지만 쉽지만은 않은 일이었다. 그럼에도 흩어없어져 버릴 콘텐츠를 유의미하게 잡아두고 싶은 마음을 담아 한 권의 책으로 엮어보았다. 꾸준히 글을 쓰고 고뇌하고 앞으로 나아가게 도와주시는 일간지 관계자 여러분께 감사의 말씀을 전한다. 빠르게 변화하고 흘러가는 콘텐츠를 의미화하는 작업이 가능하게 해주는 분들이고, 이를 통해 많은 성장을 하고 있다. 끝으로 항상 응원을 아끼지 않는 아빠, 엄마, 언니에게 감사의 인사를 올린다. 또 늘 앞으로 나아갈 수 있는 원동력이 되어주는 남편과 영 남매에게도 사랑의 마음을 전한다.

2024년 4월

이현민

CONTENTS

CONTENTS

CONTENTS

1장

PC주의로 물들다

1. 차별금지가 낳는 역차별의 딜레마
2. PC주의 캐릭터의 성공작과 실패작
3. 미국이 추구하는 가치관? 〈벗어던지고 자유롭게〉
4. 메시지와 공감대 모두를 잡기 위한 선택, 〈브리저튼 외전〉
5. 영화 〈페어플레이〉, 과연 페미니즘 영화일까?

전 세계적 화두로 떠오른 PC주의. Political Correctness의 약자로 학문적 용어보다는 정치 · 사회적 논쟁 속에서 자연스럽게 형성된 단어다. 1970년대 이후 현재적 의미의 PC라는 단어가 일반화되었고, 최근 몇 년간 단어 자체가 상당히 논쟁적으로 소모되고 있다. 즉, PC주의란 우리말 번역으로 '정치적 올바름'으로 해석되는데, 모든 종류의 편견, 이를테면 인종, 민족, 종교, 언어, 성차별 등의 편견이 포함된 생각이나 말의 표현을 지양하자는 사회문화적 분위기로 해석할 수 있다. 특히 미국에서는 비판적 사회운동을 하는 경우나 페미니즘, 반인종주의 내에서 일반화되고 널리 사용되기 시작했다. 특히 다민족국가인 미국에서 차별과 편견을 없애는 것이 올바르다는 관점에서 더욱 대중화되었는데, 이 PC주의가 대중문화계에 일반화되면서 오히려 수많은 논쟁의 불씨가 되고 있다. PC주의, 무엇이 맞고 무엇이 틀린가?

1.
차별금지가 낳는 역차별의 딜레마

미국 정치권이 다시금 격돌하고 있다. 낙태권이 미국 중간선거 성패의 분수령이 되었듯, 또 다른 정책 이슈가 미국 사회를 분열로 이끌고 있다. 이번에는 '소수인종 우대 정책'에 대한 찬반 논쟁이 양 진영 정쟁의 중심이 되고 있다. 1960년대 소수자의 인권을 보장해야 한다는 취지로 제정된 정책인 '어퍼머티브 액션(Affirmative Action)'은 교육, 취업 그중에서도 대학 입시에서 흑인 등 소수인종을 배려하는 적극적 우대 조치로 해석된다. 소수인종이라고는 하지만 당시에는 '흑인'에 대한 차별을 완화하기 위한 조치였고, 현재는 입시뿐 아니라 다양한 사회, 경제 등에서 성, 장애 등 소수집단의 차별을 줄이기 위한 범위로 확대되었다.

미국의 두 소수인종 대법관[히스페닉계 소니아 소토마요르(Sonia Sotomayor)와 흑인 클래런스 토머스(Clarence Thomas)]은 완전한 대척점에서 소수인종 우대 정책에 대한 각기 다른 의견을 내고 있고, 이는 미국을 정쟁의 소용돌

이로 몰아넣고 있다. 수많은 이민자로 구성된 미국 사회에서 인종 갈등은 오랜 갈등의 핵심이자 미해결 과제다. 하지만 현재 핵심이 되는 의제는 차별금지로 발생하는 역차별의 딜레마다. 이미 1960년대에 제정된 '어퍼머티브 액션'이 현재적 의미의 역차별을 낳고 있고, 이로 인해 백인은 물론 소수인종으로 대표되는 아시아인들까지 차별받고 있다는 것이다. 이에 대표적인 시험인 입시에서 가장 공정한 방식을 통해 학생들을 선발한다면 오히려 더 나은 공정의 척도가 될 것이라는 입장이다. 물론 찬반 논란은 뜨겁다.

흑인 대법관 토머스는 "인종을 탓해봐야 아무것도 얻지 못한다. 오직 네 피와 땀으로 일어서야 한다"라는 할아버지의 가르침에 따라 자신의 길을 개척해왔던 반면, 소니아 대법관은 부당한 조처들에 반기를 들고, 더 나아가 자신과 같은 소수인종들의 사다리가 되어주는 방식으로 함께 활로를 찾아나갔다. 누구의 길이 옳았다고 평가할 수는 없지만, 그들의 생존방식과 정책에 대한 기준에서 대척점에 서는 것은 어쩌면 당연해 보인다. 대법원의 판단은 어떻게 될까?

성소수자의 미국 미인대회 참가, 소수자 차별 보호의 일환이라고?

얼마 전 뉴햄프셔주의 미스 아메리카 지역 예선에서 첫 트랜스젠더 우승자가 나왔다. 그녀의 우승 소식은 전 세계적으로 큰 화제를 모았다. 그 화제는 우리가 일반적으로 생각하는 '미인대회'에서 발생할 수 있는 통념적 의미의 화제성이 아니었다. 우승자의 참가 적합 여부를 넘어 미인에 대한 기준까지 재편해야 한다는 것인데, 이 또한 시대의 변화상으로 이해해야 할지 혼란스럽다.

트랜스젠더의 참가 가능 여부를 차치하고라도, 아직은 생물학적 남성의 신체를 보유하고 있고 '미인'의 기준이나 미인대회의 역사, 절차, 형평성의 다양한 판단 기준은 무시한 채 그저 사회적 의미만을 가진 응우옌(Brian Nguyen)의 수상이 적합한 것인지, 근본적이고도 다양한 의문이 제기되는 '미스 USA'가 아닐 수 없다. 예를 들어 응우옌과 함께 수상하거나 참가한 미국 여성들의 면면만 보더라도(사진 참조), 차별 타파를 가장한 심각한 역차별이 발생한 것은 아닌지 합리적 의심을 할 수밖에 없고, 이에 대한 논란은 한동안 지속될 것으로 보인다.

미국 미인대회 '미스 그레이터 데리(Miss Greater Derry) 2023'에서 우승을 차지한 브라이언 응우옌(왼쪽) [출처: 미스 그레이터 데리 페이스북(조선일보)]

이와 같은 사례들은 최근 미국 사회 곳곳에서 발생하고 있다. 이른바 'PC주의'로 대변되는 정치적 올바름에 대한 논의는 말의 표현이나 용어의 사용에서, 인종, 민족, 언어, 종교, 성차별 등의 편견이 포함되지 않도록 하자는 주장을 나타낼 때 쓰는 말이다. 특히 정치적인 관점에서 차별, 편견을 없애는 것이 올바르다는 의미에서 사용하게 된 용어다. 이 'PC주의' 움직임은 현재 미국 사회 곳곳에서 발견되고 있고, 이 'PC주의'의 정신에 이견을 가진 이들은 많지는 않을 것이다.

최근 할리우드는 이 'PC주의'라는 모멘텀 아래 흑인 인어공주의 발탁, 동양인 히어로의 등장, 17세기 시대물의 흑인 왕족과 동양인 귀족의 모습 등 다양한 시도들이 이어지고 있다. 할리우드 등 가장 깨어있다는 문화 집단에서 이민자 등 소수인종을 비롯한 LGBT 등 소수자 인권에 대한 사회 계몽적 메시지 혹은 사회운동이 활발하게 이루어지면서 위와 같은 시도들도 끊임없이 일어나기 시작한 것이다.

하지만 미국 사회도 상당히 보수성을 띠는 사회다. 매체의 발달, OTT 서비스의 흥행이 LGBT 등 소수자 콘텐츠에 대한 공급을 활성화한 것이 사실이지만, 이러한 시도가 주류 콘텐츠화하는 것에 불편함도 감지된다. 오히려 다양성의 일반화가 부자연스럽게까지 느껴지는 것이다. 일각에서는 할리우드의 이러한 움직임이 소수인종, 더 나아가서는 비영미권의 흥행 수익을 무조건적으로 보장하기 위한 새로운 비즈니스 전략이라 평가하는 이들도 있다. 그만큼 차별을 금지하기 위해, 소수자의 인권을 보장하기 위해 만들어진 움직임이 차별의 또 다른 이름처럼 느껴지는 것이다.

어쩌면 응우옌이 논란이 되지 않으려면, 미인대회의 미인이라는 단어를 아예 삭제해버려야 하는 것은 아닌지, 아니면 외모로 등급을 나누는 미인대회 자체를 없애야 하는 것이 아닌지 근본적 의구심을 품게 한다. 차별을 금지하는 것은 역차별의 딜레마를 낳을 수 있다는 것을 우리는 부인해서는 안 된다. 그럼에도 차별금지를 통해 차별받는 이들의 인권을 더욱 보장해야 한다면, 사회가 그리고 정책적 시스템이 조금 더 세심하고 날카로운 분석과 논의가 필요함은 분명해 보인다. 단순한 정치적 이해관계를 위한 보호가 아닌, 소수자들을 위한 '진짜 보호', 그들이 함께 살아가기 위한 '진짜 방법론'을 찾기 위해 고심해야 할 것이다.

2.
PC주의 캐릭터의 성공작과 실패작

할리우드의 주류 콘텐츠는 당연히 화이트워싱(백인 배우만 기용)으로 점철되어 있었다. 스토리의 맥락과 관계없이 어느 인종을 표현하든 백인 배우만 기용하던 시절이었다. 백인들의 할리우드 장악에 대한 반발이 커지자, 할리우드는 토큰 블랙(token black, 구색 맞추기용 흑인 캐릭터 기용)으로 눈속임을 시도했다. 그럼에도 인종차별에 대한 불만과 항의는 더욱 거세지고, 전체적인 인식과 제도의 개선이 필요하다는 각성의 목소리는 높아졌다. 또한, 시대적 메시지도 변화하면서 할리우드도 이제는 '다양성'을 추구하기 시작했다. 현재 할리우드는 '다양성의 추구'를 넘어 다양성이 전면에 급부상한 시대를 살고 있다.

하지만 최근 할리우드의 PC주의 바람이 다소 거세게 불어닥쳐, 해당 작품들에 대한 다양한 이견이 쏟아지고 있다. 다양성에 대한 시도를 반기는 이들도 많지만, 불만을 제기하는 이들이 급격히 늘어난 것이다. 무분별한 '결과적 평등'에 신물이 난 이들이 '인종 코드'가 오히려 작품을 훼손한다고 반발하고 있다. 원작이 있는 영화와 드라마의 경우, 작품에 대한 관람객들의 불만이 가장 높다. 특히 작품이 역사를 기반한 경우 역사를 왜곡했다는 비판, 역사적 고증을 완전히 무시하고 원작을 훼손했다는 비판에서 자유로울 수 없는 것이다. 역사가 왜곡되면 전체 스토리의 맥락과 완성도도 함께 떨어진다. 설득력이 떨어지는 서사와 완성도는 당연히 '인종 논란'으로 다시금 귀결된다. PC주의가 오히려 작품의 완성도를 망친다는 비난을 받게 되는 것이다. 최근 대중을 만난 PC주의 작품의 대표적인 성공과 실패 사례를 통해, 인종 문제로 인한 다양한 논란을 겪는 할리우드가 모든 관객을 만족시키려면 결국 무엇에 초점을 맞추어야 하는지 살펴봐야 한다.

〈인어공주〉의 반쪽짜리 성공과 〈브리저튼 외전〉의 성공

인어공주는 디즈니의 대표 콘텐츠 중 하나다. 오랜 시간 많은 이들에게 사랑을 받은 만큼 만화 원작에 대한 관객의 이해도와 인기는 이미 검증 가능하다. 그 때문인지 인어공주 '실사판' 영화에 대한 기대감은 그 어느 때보다 높았고, 〈알라딘〉 실사판의 흥행 성적을 뛰어넘을 대단한 작품이 나올 것이라 기대했다. 하지만 2021년 캐스팅 단계부터 〈인어공주〉 실사판은 논란에 휩싸였다. 바로 에리얼 역에 흑인 배우 핼리 베일리(Halle Bailey)가 캐스팅되면서부터다. 그리고 베일을 벗은 〈인어공주〉 실사판은 높았던 기대가 실망감으로 바뀌었다.

영화 〈인어공주〉 메인 포스터 (출처: 디즈니)

각종 논란을 불식할 만한 멋진 작품이 나오길 바랐던 원작 팬들의 기원과는 다르게, 영화 개봉 후에도 다양한 논란은 더욱 가속화되었다. 문제의 핵심은 역시 '인종' 논란인데, 단순히 흑인과 백인 캐스팅의 문제가 아닌, 흑인 에리얼의 서사에 설득력을 부여하지 못한 각색이 문제가 되었다. 흑인 배우 기용의 장점은 하나도 살리지 못한 채, 백인 관점의 문화를 원작 그대로 차용했고, 인어공주'만' 흑인인 상황은 보는 이들을 이해시키지 못했다.

특히 인어공주 설화의 경우, 세계 각국에 다양한 반인반수, 반인

반어의 이야기가 존재할 만큼 문화원형의 한 축으로 자리 잡고 있다. 만약 흑인 에리얼의 존재적 의미와 가치 등을 새로운 서사적 설득의 과정을 통해 풀어나갔더라면 어땠을까? 원작 스토리를 훼손하지 않는다는 전제는 오히려 흑인 에리얼을 더욱 동떨어져 보이게 할 뿐이었다. 공감을 잃은 〈인어공주〉 실사판은 그야말로 실패한 '다양성 코드'의 전형으로 기억될 것이다.

〈브리저튼〉 시리즈 중 세 번째로 공개된 〈브리저튼 외전〉은 또 한 번 큰 반향을 일으키며 선전했다. 〈브리저튼〉 시즌1은 19세기 리젠시 시대 영국 사교계의 로맨스와 아찔한 스캔들을 다루었다. 하지만 2021년 공개 당시 엄청난 인기와 동시에 적지 않은 비판을 감수해야 했다. 영국 리젠시 시대의 흑인 왕비와 흑인 · 유색인종의 귀족은 역사 고증을 무시하는 것으로 받아들여졌기 때문이다. 이에 프로듀서 숀다 라임스(Shonda Rhimes)는 "우리 드라마는 역사 다큐멘터리가 아니다"라는 말로 논란을 일축했는데, 단순히 이러한 논란을 무시하고 넘어간 것이 아니라, 다양한 장치들을 통해 서사의 완결성과 공감대를 높였다. 예를 들어 〈브리저튼〉 시즌1은 조지 3세가 흑인 왕비(실제로 포르투갈계 왕비의 피부색이 어두웠다는 설에 착안)와 결혼하면서 영국에 인종 평등의 시대가 도래했다는 장치를 마련하여 당위성을 높였다. 여기서 한 단계 더 나아가 흑인 왕비의 젊은 시절, 탄생 비화를 조명하는 프리퀄(기존의 작품 속 이야기보다 앞선 시기의 이야기를 다루는 속편)인 〈브리저튼 외전〉을 제작하여 시청자들의 의문에 완전한 종지부를 찍었다. 또 한 번 완성도 높은 시리즈를 제작하여 〈브리저튼〉 세계관을 빈틈없이 완성한 것이다.

인종 갈등은 미국 사회의 숙원 과제다. 오랜 시간 비슷한 갈등을 이어온 만큼 그 속에서 다양한 시사점을 확인할 수 있다. 할리우드도 오랜 갈등을 통해 이제는 마주해야 할 결론이 있다. 이야기의 성지 할리우드는 서사의 완결성과 완성도에 모든 역량을 집중해야 할 것이다. 이야기의 힘으로 관객들의 공감을 사는 것이 사회적 메시지까지 아우를 수 있는 유일한 길이다. 서사를 통해 울고 웃고 공감할 수 있다면 주인공의 인종이 무엇이 되었든 큰 문제가 되지 않는다는 사회적 공감대가 생겼기 때문이다.

3.
미국이 추구하는 가치관? 〈벗어던지고 자유롭게〉

미국 리얼리티 쇼는 미국이 추구하는 주된 가치관을 담는 가장 솔직한 담론의 장이라 할 수 있겠다. 할리우드 영화가 전 세계인을 타깃으로 하는, 비교적 넓은 의미의 마케팅 포지션을 가지는 콘텐츠라면, 리얼리티 쇼는 미국인들의 솔직한 마음, 기호, 생각을 담을 수 있는 콘텐츠인 것이다. 물론 시대가 변화하면서 OTT용 리얼리티 쇼의 등장은 일견 해외 시청자들의 시선(?)까지 고려해야 할지 모르겠지만, 그럼에도 미국 리얼리티 쇼는 가장 미국적인 콘텐츠로 평가할 수 있다. 미국인들이 콘텐츠의 주제의식으로 가장 지향하고 선호하는 가치가 있는데, 이를 크게 두 가지로 나눌 수 있다. 그것은 'Dreams come true'와 'Be yourself'다. Dreams come true가 아메리칸 드림을 포함하여 삶의 보편적 희망의 메시지를 주로 담고 있다면, Be yourself는 다분히 미국적인 하나의 가치라 평가할 수 있다. 너의 본 모습, 너의 가치 그대로! 그들이 말하는 Be yourself의 의미다. 그러한 의미에서 넷플릭스 리얼리티 쇼 〈벗어던지고 자유롭게〉는 이 두 가지 미국 정신을 모두 담고 있으며 그들이 선호하고 호기심 가질 만한 콘텐츠의 조건을 두루 갖추고 있다.

〈벗어던지고 자유롭게〉는 시즌2까지 이어진 넷플릭스 인기 콘텐츠 중 하나로, 한 여성의 성공 스토리를 담고 있다. 이 성공은 많은 의미를 내포하고 있는데, 단순히 우리가 생각하는 한 여성의 직업적 성공만을 의미하는 것은 아니다. 속박과 구속에서 벗어난 그녀의 도전과 의지, 무에서 유를 창조해낸 한 여성의 일생과 여정을 담고 있다. 〈벗어던지고 자유롭게〉의 원 제목은 〈My Unorthodox life〉다. '유대교 정통파'라는 orthodox의 본뜻을 생각한다면 Un, 더 이상 유대교 정통파가 아닌, 그로부터의 이단이 된 삶, 즉 극단적 유대교 정통파로부터 벗어난 삶이라는 뜻으로 풀이할 수 있겠다. 국내용 제목 〈벗어던지고 자유롭게〉는 보다 함축적 의미로 번역되었다. 이 리얼리티 쇼의 주인공인 '줄리아 하트(Julia Haart)'는 이 극단적 정통 유대인 공동체에서 벗어나 자신의 삶을 개척하여 성공적인 Be Yourself를 이룬 대표적인 여성이라 말할 수 있다.

극단적 정통 유대교에 대한 정보는 어쩌면 우리나라 사람들에게 다소 생소한 종교 문화적 부분이다. 이 극단적 정통 유대교의 주요 율법 중 하나가 '여성에 대한 속박과 억압'인데(물론 그들 입장에서 이는 억압이라는 단어로 표현되지는 않겠다), 이로부터 완전히 벗어나 자유롭게 된 여성 '줄리아 하트'의 삶은 파격의 연속이다. 하지만 이야기의 중심은 단순히 종교의 억압과 이로부터 벗어난 그녀의 삶만을 다루고 있지는 않다. 성소수자인 게이 및 양성애자, 입양아 등 미국 사회를 구성하는 다양한 소수자들의 진솔한 이야기도 함께 담고 있다.

사실 미국은 최근 몇 년간 할리우드 등 미디어 콘텐츠에 PC주의(모든 종류의 편견으로부터 벗어나자는 사회적 운동)의 구현에 많은 정성을 쏟고 있는 듯 보인다. 이 PC주의의 중심에는 다양성이 있고, 다양성의 메카 미국 뉴욕을 배경으로 하는 그들의 '완전히 벗어던진 자유로운' 삶의 의지는 미국인들이 지향하는 Be yourself의 삶의 방향과 일치한다. 그러한 의미에서 그들이 이 리얼리티 쇼를 통해 보여주고자 한 미국적 가치관, 그리고 잘못된 가치로 평가되는 '율법'에 대한 반항, 이를 바로잡기 위한 노력이 순차적이고 솔직하게 펼쳐진다. 물론 내용이 그렇게 철학적으로 흘러가지만은 않는다. 가장 화려하고 세속적인 그들의 삶이 일종의 괴리감을 느끼게도 하는데, 이는 '줄리아 하트'의 성공이 변화의 매개체가 되길 바라는 많은 이들의 염원이 담겨 있기 때문인 것도 같다. 시즌1의 '속박과 탈출'이라는 큰 틀의 성공 스토리와는 다르게 시즌2의 내용이 '줄리아 하트'의 새로운 이혼과 법적 분쟁에 초점이 맞추어진 것 같아 당황스러웠지만, 이 또한 '리얼리티 쇼'이기에 가능한 그림이 아닐까 생각해본다. 그들은 완전히 벗어던지고 자유로워질 수 있을까? 그들의 행보가 더욱 궁금해진다.

4.
메시지와 공감대 모두를 잡기 위한 선택, 〈브리저튼 외전〉

넷플릭스 시리즈 〈브리저튼〉 시즌1은 전 세계적인 신드롬을 일으켰다. 2021년 공개 당시 세계 83개국 1위로 넷플릭스의 가장 성공한 작품에 이름을 올렸다. 이에 힘입어 시즌2와 프리퀄인 〈브리저튼 외전〉까지, 넷플릭스의 믿고 보는 콘텐츠로 자리 잡았다. 시즌1과 2는 브리저튼가(家)를 둘러싼 사랑과 욕망, 귀족계의 결혼 시장을 다루었다면, 이번 〈브리저튼 외전〉은 오리지널 드라마에 선행하는 사건을 담는 프리퀄답게 브리저튼 시리즈의 주요 인물인 샬럿 왕비의 젊은 시절 이야기를 담았다.

사실 〈브리저튼〉 시즌1은 공개 당시 엄청난 인기와 비판을 동시에 받았다. 영국 리젠시 시대의 흑인 왕비와 흑인 · 유색인종의 귀족이 역사 고증을 무시하는 것을 넘어 할리우드 PC주의 경향의 강력한 의지표명으로 받아들여졌기 때문이다. 특히 PC주의로 물들어가는 할리우드 대한 우려와 변질되는 원작의 의미와 가치, 자연스러움을 오히려 부자연스러움으로 만들어버리는 다양한 시도들이 반감을 불러일으키기 시작한 것이다. 특히 디즈니의 실사 영화에서 시도되는 원작과는 전혀 다른 캐스팅이나 원작 이야기의 훼손 등 불편한 상황들이 지속되면서 PC주의 논란은 여전히 뜨겁다. 앞으로 개봉 예정인 디즈니 실사영화 〈피터팬&웬디〉, 〈백설공주〉 모두 이러한 논란으로부터 자유롭지 못한 상태다. 그럼에도 이러한 시도들이 신선한 파격으로 다가와 인기몰이를 하는 경우도 많으며, 〈브리저튼〉 시리즈의 성공이 그 대표적인 예이기도 하다.

〈브리저튼〉 시즌1은 조지 3세가 흑인 왕비(실제로 포르투갈계 왕비의 피부색이 어두웠다는 설에 착안)와 결혼하면서 영국에 인종 평등의 시대가 도래했다는 장치를 마련하며 설득력을 높였다. 〈브리저튼 외전〉은 여기서 한 단계 더 나아가 '시도'와 '파격'에 대한 사람들의 의문에 종지부를

〈맥스무비〉

찍기 위해 노력했다. 즉, 흑인 왕비의 탄생 비화를 집중 조명한 것이다. 할리우드의 이른바 PC주의 바람이 거세게 불면서 작품들에 대한 다양한 이견이 쏟아지고 있다. 다양성에 대한 시도를 반기는 이들도 많지만, 불만을 제기하는 이들도 적지 않다. 〈인어공주〉 실사판이 그 대표적 예다. 무분별한 PC주의에 신물이 난 이들은 스토리에 설득력이 필요하다고 강조한다.

〈브리저튼 외전〉은 어떻게 샬럿이 왕비가 되었는지부터 이야기가 시작된다. 조지 3세와 샬럿의 러브 스토리, 원작 속 큰 비중을 차지하는 레이디 댄버리의 이야기도 재창조했다. 특히 왕실의 이야기를 집중 조명하면서 역사적 사실과 기록을 많이 반영했다. 실제로 농부 조지라는 별명을 갖고 있었던 조지 3세, 정신병을 앓았던 왕, 샬럿 왕비와만 15명의 자녀를 생산한 왕, 고문과 같은 정신병 치료를 했다는 설 등을 빠짐없이 담았다. 그중에서도 가장 눈에 띄는 것은 역시 흑인 왕비로서의 역경과 시련, 이와 더불어 레이디 댄버리와의 우정이다. 전에 없던 영국 왕가의 '흑인' 귀족 이야기를 다루다 보니, 어찌 되었든 전 시즌을 관통할 수 있는 공감대 형성이 무엇보다 중요하다.

따라서 이번 시즌에는 '만약 흑인 왕비가 다른 인종을 도왔다면?' 이라는 가설을 통해 그녀의 행보와 유색인종 귀족들에 대한 차별 타파, 더 나아가 왕가의 비상식에 대한 도전을 비중 있게 다루었다. 또한 현대적 메시지를 통해 이야기의 공감대를 더욱 높였다. 특히 레이디 댄버리는 왕비가 사랑을 받아서 얻게 된 작위라 언제든 빼앗길 수 있는 자신의 신분과 부에 두려움을 가지고 있었다. 이는 시즌 전체를 관통하는 핵심 의제다. 이 드라마는 완전히 평등한 시대에 살고 있다고 생각되는 현재에도 여전히 벌어지고 있는 다양한 인종 차별과 갈등에 대한 메시지를 전달하고자 했다.

하지만 역사적 사실과 허구, 메시지와 공감대 등 너무 많은 것을 보여주려다 보니 스토리의 개연성이 떨어지는 느낌은 있다. 특히 조지 3세가 고문과 같은 정신병 치료를 받는 모습은 메시지보다 자극적 관심 끌기에 집중한 모양새다. 그럼에도 〈브리저튼 외전〉은 그 무엇보다 중요한 '사랑'이라는 가치를 놓치지 않았다. 특히 사랑으로 조지 3세의 병을 극복하고자 노력하고, 말년에 남편과 떨어져 있음에도 기쁜 소식에 가장 먼저 남편에게 달려가 이를 알리는 샬럿 여왕의 모습은 가슴 찡한 여운을 남겼다. 사랑만이 모든 것을 해결할 수 있다는 불변의 진리, 〈브리저튼 외전〉이 다시금 확인시켜주고 있다.

5.

영화 〈페어플레이〉, 과연 페미니즘 영화일까?

얼마 전 편의점 여성 알바생이 숏커트 헤어스타일이라는 이유로 "너 페미니스트지? 넌 좀 맞아야겠다"라며 무차별적 폭행을 당한 사건이 발생했다. 같은 여성으로서 어이없음을 넘어 분노의 감정이 든 이 사건을 통해 국내 페미니즘 인식의 현주소에 대해 깊이 고민하게 되었다.

성별이 여성이라는 이유로 투표권조차 없었던 시절, 여성의 권리와 참정권을 획득하고자 시작된 페미니즘 운동은 여성들이 처한 상황과 현실이 다양해지면서 그 실천 방향과 철학도 새로운 흐름으로 전개되기 시작했다. 하지만 국내에서는 오직 급진주의 페미니즘(radical feminism)의 부적절한 예시, 이를테면 남성과 여성을 적대적 관계로 규정하고, 일부 남성의 폭력성을 남성 전체의 행위로 일반화하는 왜곡된 가치관을 주입한다. 특히 남초, 여초 카페의 남성 · 여성 혐오가 일반 대중의 생각인 것처럼 이슈화되면서 젠더 갈등은 격화되었다. 하지만 페미니즘의 본질은 여성의 사회적 역할에 대한 편견이나 차별을 배제하자는 기조가 기본이 되는 것이지 남성 혐오를 조장하는 것이 아님에도 불구하고, 일부에서는 페미니즘은 반드시 배제되어야 할 생각이라는 잘못된 상식이 일반화되는 실정이다.

그럼에도 불구하고 현시대 20대 남성의 대부분은 언론이 보도하는 사회적 분위기와는 다르게 페미니즘 자체에 대해 격렬한 반감을 품고 있지 않다. 오히려 의미 없는 젠더 갈등에서 벗어나 개인의 발전에 시간을 쓰는 것이 이른바 '젠지세대'*의 일반적 사고방식이라 보는 것이 맞을 것이다. 하지만 일부 사람들은 페미니즘의 본래적 의미를 이해할 생각도 하지 않은 채, 페미니즘은 나쁜 것이라는 왜곡된 인식만을 가지고 '여성'에 대한 이슈만 나오면 페미니즘으로 오판하여 혐오하거나 불신을 조장하고 있어 안타까움을 금할 수 없다. 특히 여성의 권리에 대한 콘텐츠만 나오면 내용을 찬찬히 둘러볼 생각은 하지 않고, 그저 페미니즘 이야기, '너 페미니즘이지?'로 귀결되는 현 사회의 고질적 왜곡은 사회를 병들게 하는 실정이다.

* Gen Z, Generation Z의 약자로, 1990년대 중반부터 2010년 초반에 태어난 세대

영화 〈페어플레이〉는 인간 기저의 심리 문제

영화 〈페어플레이〉는 페미니즘 영화가 아닌 여성의 관점에서 느낀 사회적 갈등과 그 시선에 관한 이야기다. 당연히 일부에 의해 페미니즘 영화라 규정될 요소가 상당히 많은 영화다. 하지만 이 영화는 젠더 대결의 문제가 아닌, 인간 기저의 심리 문제를 담고 있는 심리 스릴러 영화로 보는 것이 맞다.

에밀리와 루크는 막 약혼을 한 행복한 커플이었지만, 같은 회사에서 예비신부 에밀리가 먼저 승진하면서 그들의 사랑이 변질되는 상

영화 〈페어플레이〉 메인 포스터 (출처: 넷플릭스)

황을 스릴러의 형태로 담고 있는 영화다. 특히 너무도 사랑하던 그녀와 그녀의 능력을 '여성 할당제'로 비하하거나, 더 나아가 부적절한 행위를 통해 획득한 것으로 험담하는 루크의 질투의 근간을 파헤친다. 루크는 여성을 향한 본능적 우월감을 가지고 있었고, 그녀의 '능력'에 수군거리는 전반적인 사회 인식 또한 여성 능력을 향한 왜곡된 인식을 극렬히 보여주고 있다.

영화는 헤지펀드 회사에서 근무하고 있는 남녀 커플에게 '에밀리가 루크보다 먼저 승진했다'는 단순한 상황이 얼마나 많은 인간관계의 역학을 역전시키고 변화시키는지 표현하고 있다. 특히 직장생활 속 여성의 능력과 이를 바라보는 사회적 시선, 그리고 사랑하는 사람과의 관계가 여성의 사회적 상황에 따라 달라지거나 뒤바뀌는 상황을 통해 인간이 가진 본능적 질투심이 결국 남녀의 문제로 변질되고 마는 상황을 통해 많은 생각할 거리를 던져주고 있다.

영화 〈페어플레이〉는 저예산 영화의 아카데미라고 불리는 〈선댄스 영화제〉의 초청을 받은 작품이다. 더 나아가 올해 아카데미 남녀주연상 후보에 오르면서 이 영화에 대한 예술적 관심을 넘어 대중적 관심까지 높아지고 있다. 어찌 보면 아주 단순한 명제인데, 인간의 질투, 남녀의 역학관계 등이 가미되면서 심장 쫄깃한 스릴러로 탈바꿈한 것을 보면, 감독의 현실에 대한 탐구와 장르에 대한 도전정신이 빛을 발한 작품으로 풀이된다.

〈페어플레이〉를 페미니즘 영화로 규정하는 이들이 있다. 하지만 여성의 능력과 남성과의 대결구도가 나온다고 모두 페미니즘 영화로 잘못된 꼬리표를 붙여서는 안 된다. 다양한 예술이 사회적 의미를 안고 대중에게 생각할 거리를 줄 수 있도록 흑백 논리는 접어두고 열린 마음으로 다양한 콘텐츠를 즐겨야 한다. 특히 OTT의 시대, 세계의 다양한 콘텐츠를 손쉽게 즐길 수 있는 시대가 온 만큼 다양성에 대한 열린 시선이 '진짜' 콘텐츠를 즐길 수 있는 전제조건이 되어야 할 것이다.

2장

문화 안보를 지키려면

1. 문화 안보, 중국과의 입장 차는? 문화계를 드리우는 중국의 그림자
2. 뉴진스의 뮤비는 휴대폰 광고인가, 신곡 홍보인가?
3. 〈슈룹〉 자칫 중국색으로 외면받을 뻔, 하지만 웰메이드 드라마로 호평
4. 일제강점기 시대물의 연이은 등장, 괜찮은 걸까?

냉전시대를 방불케 할 만큼 국제정세가 요동치고 있다. 대중문화계도 그 찬바람에 영향을 받고 있다. 특히 한중 관계가 경색 국면에 들어가면서 문화는 가장 큰 타격을 받고 있다. 한중 양국은 지정학적으로 오랜 시간 서로의 영향을 받았던 만큼 문화적 공통점이 상당히 많다. 하지만 각 나라의 전통과 문화는 고유의 방식으로 전개되어 왔고, 이에 대한 반론을 제기하는 이는 많지 않다. 하지만 양국의 공통점이 어느 순간 원조, 원류, 진짜 논쟁으로 번지면서 수많은 사례들이 문화 정체성 분쟁을 일으키고 있다. 이에 당연히 '우리의 것'이었던 것들에 대한 불필요한 논쟁이 발생하면서 급기야 문화 안보가 위협받는 지경에까지 이르렀다. 조직적인 문화 찬탈의 위협 속에서 대중문화는 어떠한 문화 안보 문제가 발생하고 있으며, 이를 해결하려면 어떻게 해야 할까?

1.
문화 안보, 중국과의 입장 차는?
문화계를 드리우는 중국의 그림자

한국과 중국은 지정학적, 역사적, 문화적으로 많은 것들을 공유하고 있다. 오랜 역사를 거쳐 문화를 교류하여 그에 따른 상당한 교집합이 생겼고, 현재까지도 다양한 문화들이 오가고 있다. 사드 문제가 터지기 전만 하더라도 한중 양국은 문화교류가 그 어느 때보다 활발했다. 대중문화계에서도 한중 공동 제작 붐이 불면서 다양한 한중 합작품들을 선보였다. 한류의 기세도 그 어느 때보다 강해 '치맥' 열풍이 중국을 강타했고, 수많은 한류 스타들이 중국 시장에서 높은 몸값과 인기에 행복한 시간을 보냈다. 황치열의 경우, 중국 시장에 혜성처럼 등장해 국내 언론에서도 황치열의 중국에서의 뜨거운 인기가 대서특필될 정도로 큰 사랑을 받았다.

하지만 이러한 중국의 한국 사랑은 그리 오래가지 못했다. 관계라는 것이 늘 좋을 수는 없지만, 현재 양국의 관계는 정치적 상황들을 넘어 일반 국민들 사이에도 서로를 향한 혐중-혐한의 감정이 극에 달한 모양새다. 김치와 파오차이, 한복과 한푸는 말할 것도 없고, 최근에는 설날의 영문 표기에 대한 논쟁으로 시끄러웠다.

음력 설을 쇠는 아시아 국가 중 하나인 우리나라는 설을 민족 최대 명절 중 하나로 여긴다. 이는 중국도 마찬가지인데, '춘제'라는 중국의 새해 맞이 행사 역시 중국민들에게 아주 중요한 연례행사다. 최근 설날의 영문 표기에 대한 공방은 영국 박물관이 설 직전 한국 문화의 행사를 개최하면서 발생했다. 영국 박물관은 그들의 트위터에 'Lunar New Year'라는 표기로 설날 행사를 홍보했고, 이것이 중국인들의 심기를 건드렸다. 영문 명칭에 대한 중국의 사이버 총공격이 이루어졌고, 이에 무너진 영국 박물관은 트위터에 설날의 영문 표기를

삭제된 영국 박물관이 트위터 계정을 통해 올린 행사 글.
'Korean Lunar New Year'(한국 음력 설)라고 적은 것을 확인할 수 있다.
출처: 스트레이트뉴스(트위터 캡처)

'Chinese New year'로 변경하여 표기했는데, 이로 인해 한중 양국 국민들의 비판과 논쟁이 극에 달하게 되었다.

설날의 표기와 명칭에 대한 기원과 실체 여부는 차치하고, 한중 양국 논쟁의 근원은 서로가 서로를 자국 고유 문화의 찬탈자로 인식한다는 점이다. 해당 논쟁이 일어나자 중국 최대 포털 바이두(Baidu)에서 이에 관한 기사를 찾아보았다. 가장 많은 댓글이 게재된 기사를 살펴보니, 해당 사항을 심각하게 받아들여야 한다는 이들의 대부분은 한국이 중국 고유의 문화를 빼앗으려는 시도를 한다고 주장했다. 그 근원에는 한국의 대중문화가 서구에 상당한 영향력을 미치는 현재의 추세가 중국인들의 두려움을 가중시키고 있었다. 중국은 한국의 소프트 파워를 활용한 아시아 문화의 홍보로 인해 자칫 중국 문화도 한국 문화로 표현되고 흡수될지 모른다는 두려움에 사로잡혀 있다. 하지만 문제는 우리나라 역시 중국의 해당 행위를 똑같이 받아들이고 있다는 사실이다.

중국의 문화공정 시도가 노골화되면서 국내 여론도 중국이 한국 문화를 흡수하려 한다는 우려를 나타낸다. 양국의 이러한 입장 차는 한중 양국의 국민들이 가졌던 서로의 문화에 대한 호감을 혐오로 바꾸게 하기에 충분했다. 그럼에도 우리는 다양한 사례를 통해 중국의 문화공정 시도를 목도하고 있다. 단순히 서로를 향한 '오해'라고 보기엔 분명한 정황들이 펼쳐지고 있는 것이 사실이다.

다방면으로 고려해야 할 문화 안보, 단순한 문제는 아니다

한국 대중문화의 해외 영향력이 커지자 중국은 자본을 활용하여 한국 문화계를 흡수하려는 다양한 시도를 하고 있다. 일례로 최근 몇 년간 중국의 문화공정 등 콘텐츠 자체에 중화사관(中華史觀)을 주입하는 경우, 자본을 활용하여 콘텐츠 업계를 흡수하는 경우, 주주권 행사를 위해 한국 콘텐츠 그룹에 전방위적 투자를 하는 경우 등 소프트웨어, 하드웨어적으로 총공세를 하고 있다. 이로 인한 국내 콘텐츠 업계의 위기감은 날로 고조되고 있다.

대중음악계도 한동안 중국 진출, 중국 자본, 중국 멤버 등의 굴레를 벗어나지 못해 종국에는 피해를 입는 상황이 속출했다. SM의 경우, 중국 멤버의 계약 해지 요구는 다반사로 발생했고, 중국 시장을 가장 큰 수입원으로 하여 성장한 회사인 만큼 중국의 정치적 보복이 이어질수록 SM은 큰 타격을 받았다. 이수만의 중국몽 또한 이미 공공연한 사실이었다.

하지만 이수만의 중국몽과는 별개로 SM 경영권 분쟁이 본격화되면서 다시 '중국의 야욕'이 현 SM 경영 다툼의 화두로 떠오르고 있다. 상세한 경영 분쟁은 차치하고, 현재 많은 이들이 우려를 표하고 있는 것은 중국의 한국 엔터테인먼트(이하 '엔터') 장악욕에 있다. 카카오의 SM 인수는 결국 중국에 우리 엔터의 근간을 빼앗길 수밖에 없다는 시장 인식이 존재한다. 카카오의 대주주들을 살펴보면 카카오와 이하 카카오 자회사들이 이미 중국의 상당한 투자를 받았다는 것을 확인할 수 있다. 표면상으로 카카오와 하이브의 전쟁으로 비추어지지만 카카오 내 중국 영향력을 생각한다면 결국 엔터 사업을 시작하려는 카카오의 행보는 중국에 우리 엔터 넘기기와 다름이 없다는 반응이 상당하다.

단순히 주주들의 주도권 싸움으로만으로 볼 수 없는 것이 SM은 오랜 시간 한국 대중음악을 선도한 주요 엔터그룹이고, 그들의 음악이 아시아는 물론 세계 시장에 영향력을 미치고 있다. 이는 결국 한국 문화의 외연 확장에 상당한 영향을 미쳤다. 하지만 최근까지도 중국에 의해 좌지우지되던 SM이 경영권까지 카카오에 넘어갈 경우, 중국이 영향력을 미치는 정도가 아니라 중국 회사로 바뀔 수 있다는 우려가 지배적이다. 이후 발생하는 나비효과는 더 이상 언급할 필요도 없을 것이다. 단순히 '쩐의 전쟁'으로 끝날 것인가? SM의 인수전쟁, 우리 문화 안보의 연장으로 평가해야 하는 것이 아닐까?

2.
뉴진스의 뮤비는 휴대폰 광고인가, 신곡 홍보인가?

10대 청소년들의 아이폰 선호도가 높다. 얼마 전 한 기사에서 접한 내용인데, 요즘 아이들이 가장 싫어하는 것이 키즈폰이라고 한다. 부모에 의해 통제가 가능한 키즈폰은 안드로이드 운영체제의 삼성 휴대폰이 거의 대부분인데, 이 키즈폰 사용 경험이 삼성 안드로이드 휴대폰 사용에 악영향을 미친다는 것이다. 아이폰이 가진 '힙(hip)'함과 '핫(hot)'함의 무형의 이미지가 아이폰 인기에 영향을 미치는 것도 있으나, 국내 청소년들에게 삼성 휴대폰의 브랜드 이미지가 키즈폰에 영향이 있을 것이라는 분석이 매우 신선하게 다가왔다.

고가의 제품일수록 (잠재) 고객 확보를 위한 이미지 경쟁은 기업 전체의 명운이 걸려 있는 일이다. 이 때문에 업계는 광고 등을 통해 제품과 기업의 이미지를 만들어가는데, K-POP 스타의 광고 모델 기용은 자신들의 브랜드를 이용할 미래의 고객 확보라는 측면에서 큰 의미를 가진다. 최근 10대 청소년을 키우는 부모들 사이에서 갑론을박이 펼쳐지고 있는 문제가 있다. 바로 K-POP 스타의 명품 광고다. 명품 광고에 10대들이 선망하는 아이돌을 기용하다 보니, 10대들의 명품 소유 욕구가 급증하고 있다는 것이다. 이는 부모의 부담은 물론 청소년의 소비 교육에도 악영향을 미치는 것이 사실이다. 하지만 글로벌 기업의 입장에서 판매율을 가장 높일 수 있는 모델을 통해 광고 효과를 극대화하길 원하는 것은 당연하다. K-POP 아이돌을 통해 초기 구매력을 지닌 청소년들의 소비를 촉진하고, 그들이 성인이 된 후에도 해당 브랜드에 대한 직접적이고 꾸준한 관심을 이끌 수 있다면, 그들을 광고 모델로 쓰지 않을 이유는 없기 때문이다.

청소년들의 교육에 악영향을 미치므로 K-POP 스타의 광고 모델 기용을 막아야 한다는 주장은 매우 1차원적이다. 우리가 간과하지 말아야 할 것이 대중문화가 경제, 사회, 산업 등 전반에 미치는 영향이고, 또 대중문화만을 분리하여 생각할 수도 없는 산업 전체의 특성 등이다. 이를 이해한다면 위와 같은 주장이 관철되기는 힘들다. 미래의 휴대폰 이용자인 자라나는 10대 청소년의 아이폰 사랑은 삼성의 입장에서는 가장 뼈아픈 현실이자 풀어야 할 숙제다.

뉴진스의 아이폰 사용은 또 다른 문제

K-POP 스타들이 어떤 휴대폰을 사용하는지는 K-POP 팬들의 주요 관심사 중 하나다. 아이돌 모 그룹의 멤버가 어떤 휴대폰을 사용

걸그룹 뉴진스, SBS '인기가요' 아이폰14 프로를 활용한 신곡 "ETA" 무대
(출처: SBS 인기가요 캡처)

하는지는 팬들의 휴대폰 구매에 직접적인 영향을 미친다. 이 때문에 최근 뉴진스의 '아이폰' 논란은 광고의 일환으로 본다면, 언뜻 보기엔 큰 문제가 없어 보인다. 하지만 상세히 따져보면 앞선 고가품 광고의 아이돌 선호 현상 문제와는 다르게, 면밀히 따져봐야 할 부분이 분명히 있다.

뉴진스의 아이폰 관련 이슈는 크게 두 가지인데, 하나는 지상파 방송 중 아이폰을 사용했다는 점(간접광고), 다른 하나는 아이폰 14 프로를 활용한 뮤직비디오 촬영이다. 뉴진스는 최근 SBS의 한 음악방송에서 퍼포먼스의 일환으로 신곡 "ETA" 무대 후 아이폰을 꺼내 셀카를 찍는 퍼포먼스를 펼쳤다. 아이폰 14 프로 제품이 적나라하게 방송화면에 잡혔고, 어떠한 모자이크 처리 없이 생방송 그대로 송출되었다. 간접광고 관련 위반의 여지가 있다. 간접적인 광고에도 규제의 칼날을 들이대는 방송계에서 광고 효과를 의도한 퍼포먼스로 보이기 때문이다. 만약 이 위반 행위에 대한 어떠한 제재도 없다면, 다른 제품들에 대한 간접광고 관련 형평성에 위배될 수 있을 것이다. 물론 이 간접광고 문제는 후자, 뉴진스의 아이폰 14 프로를 이용한 뮤직비디오 촬영과도 직접적인 연관이 있다.

뉴진스는 최근 신곡을 발매하면서 신곡 타이틀 곡 중 하나인 "ETA"의 뮤직비디오를 아이폰 14 프로로 촬영한 영상을 공개했다. 뮤직비디오의 촬영뿐 아니라 플롯 전체에 아이폰 14 프로가 직접 활용되었다. 그야말로 '애플'과 '어도어'의 협업이라 볼 수 있겠다. 하지만 처음 "ETA" 뮤직비디오를 접했을 때 이것이 뉴진스의 신곡 뮤비인지 아이폰 광고인지 구분하기 어려웠다. 그야말로 뮤비와 광고의 경계가 완전히 사라진 것이다. 문제는 뮤비도 신곡 홍보의 일환이자 신곡 마케팅의 일부인데, 뉴진스의 신곡은 보이지 않고, 하나의 아이폰 광고로 소비되는 듯한 인상을 강하게 풍긴다는 것이다. 그동안 애플은 플롯이 있거나 감각적인 내용으로 아이폰 광고를 해왔고, 앞서 아이폰 '시네마 촬영 기능' 광고의 일환으로 박찬욱 감독의 영화촬영을 광고로 선보인 바 있다. 하지만 해당 광고는 영화 촬영의 메이킹 영상쯤으로 보이면서 광고와 영화 모두에 시너지 효과를 냈다고 평가할 수 있었는데, 이번 뮤비는 그야말로 애플 광고로 소비된 신곡으로 보이는 것이다.

뉴진스의 해외 활동이 뉴진스의 음악성이나 퍼포먼스, 멤버들의 매력에 의해 소비되고 광고되는 것이 아닌, 글로벌 기업 애플이 선택한 아이돌쯤으로 소비되는 것 같아 아쉽다. 전 세계에서 K-POP 아이돌들이 사랑받고 있는 지금, 대형 광고도 좋지만 자신들을 더욱 알릴 만한 무기는 없을까? 신인 아이돌의 글로벌 행보에 아쉬움이 남는 대목이다.

3.

〈슈룹〉 자칫 중국색으로 외면받을 뻔, 하지만 웰메이드 드라마로 호평

중국색? 무엇이 문제인가

2022년 종영한 드라마 〈슈룹〉은 방영 전부터 큰 화제를 모았다. 아주 오랜만에 성사된 김혜수의 사극 연기에 대한 높은 기대감 때문이다. 사극의 배역 때문에 그 흔한 귀도 뚫지 않았다는 김혜수의 일화는 이미 유명한데, 그만큼 사극, 연기에 진심인 김혜수의 중전 연기에 많은 이들의 관심이 쏟아졌다. 그뿐만 아니라 조선판 〈SKY 캐슬〉이라는 홍보 전략에 따라 조선 왕실의 교육 전쟁 이야기가 주가 될 것이라는 추측에 기대감이 한껏 높아졌다.

하지만 〈슈룹〉은 초반부터 예상치 못한 난관에 봉착했다. 바로 중국색 논란 때문이다. 〈철인왕후〉, 〈조선구마사〉 등으로 중국색에 대한 반감이 아직 가시지 않은 드라마계에 또다시 중국색 논란이 고개를 든 것이다. 〈슈룹〉에서 문제로 지적된 것은 먼저, 조선시대를 배경으로 하는 드라마에서 왕위 정통성이 적통 승계가 아닌, 왕비 소생의 대군들과 후궁 소생의 군(君)들이 세자 자리를 놓고 경쟁한다는 설정이 역사에 존재하지 않는다는 점이다. 더 나아가 이러한 궁중 암투물은 중국 인기 역사극 〈보보경심〉, 〈후궁 견환전: 옹정황제의 여인〉 등에서 주로 활용되는 소재라는 점이다. 이 밖에도 조선 궁궐을 '태화전', 중전이 스스로를 '본궁'으로 칭하는 점 등 중국색으로 의심되는 사례들은 비교적 많았다. 이를 두고 작가의 이력과 집안에 대한 근거 없는 선동이 이루어지는 등 또 다른 문제를 야기하기도 했다.

역사 드라마, 그중에서도 퓨전 사극이라는 장르가 인기를 끌면서

드라마 〈슈룹〉 메인 포스터 (출처: tvN)

역사 고증에 대한 잡음은 끊임없이 발생하고 있다. 하지만 퓨전 사극에서는 역사 고증의 오류가 발생할 수밖에 없고, 이러한 고증의 오류는 드라마라는 예술이 펼쳐야 할, 창작의 자유가 넘어야 할 장벽이다. 물론 역사 고증의 오류와 의도적 색깔 입히기는 엄연히 구분되어야 할 요소임도 명심해야 한다. 〈조선구마사〉의 실패가 또다시 재현되지 않으려면, 실수를 가장한 의도로 오해받지 않도록 주의를 기울여야 할 것이다.

조선판 현대 사회문제의 집약본, 현재를 되돌아보다

〈슈룹〉이 초반 중국색 논란을 쉬이 잠재울 수 있었던 것도 연기, 각본, 사회 문제의 제시 등 웰메이드 드라마의 필요충분조건을 충분히 갖춘 드라마였기 때문이다. 〈슈룹〉은 조선시대를 배경으로 했음에도 지금 우리 사회가 겪고 있는 다양한 문제들을 전면에 다루었다. 그 중에서도 여성의 지위와 역할에 대한 사회적 시각, 삐뚤어진 자식 교육이 비추고 있는 우리의 자화상 등 수많은 현대 사회의 문제들을 꺼내놓았다. 현대 사회에도 갑론을박이 뜨거운 다양한 문제를 조선시대에 비추어 전면으로 내세우면서 시청자들에게 생각할 거리를 제공했다는 점에서 더욱 의미가 있다.

먼저 조선시대에 상상조차 할 수 없었던 여장을 하는 남성, 더 나아가 여성이 되고 싶은 대군의 일화는 현 사회의 시대적 과제와도 오버랩되며 다양한 이야기를 만들어냈다. 여성이 되고 싶어한다고 단언할 수는 없으나, 여장을 하며 마음의 안식을 찾는 '계성대군'의 모습은 궁중에 크나큰 파장을 불러일으키기에 충분했다. 청천벽력 같은 소식에 중전은 혼자 오열하며 가슴 아파했지만, 그 누구보다 계성대군의 마음에 공감한 것은 물론, 가장 현명한 방식으로 그를 위로하면서 우리가 반드시 고민해야 할 부분을 제시해주었다.

그뿐만 아니라 소외받는 여성들에 대한 사회적 시각을 다양한 에피소드로 집중 조명했는데, 특히 천대받는 노비, 천민 여성의 존재 가치에 대한 근본적 의문을 현대적 시각으로 재해석했다. 예를 들어 아들을 낳지 못해 남편에게 버림받은 여성이 자신의 금비녀를 팔려고 내놓자, 장사꾼은 이를 헐값에 구매하려 한다. 그 이유는 아들을 낳지 못하는 부정 탄 여자의 물건이라는 말도 안 되는 이유에서였다. 이를 두고 예비 빈궁과 중전이 직접 나서 여성의 가치를 매기는 기준의 부당성, 더 나아가서는 여성의 권리를 지키는 '삼불거'에 대한 지침까지 상기시키며 사회적 약자로서 소외받는 여성에 대한 보호와 그 권리에 관해 이야기했다. 이를 통해 중전 화령은 백성의 마음을 두루 살피는 참국모의 모습을 보여주며 시청자들의 눈길을 사로잡았다.

지금까지 다양한 드라마에서 중전의 모습을 그렸지만, 정적이고 수동적인 캐릭터가 대부분이었다. 하지만 〈슈룹〉 속 중전 화령은 능동적이면서도 적극적인 캐릭터로 김혜수의 연기를 더욱 빛나게 만들었다. 때로는 자식들 교육에 현명한 어머니의 모습으로, 사건의 진실을 파헤칠 때는 해결사와 같은 모습으로, 또 왕에게는 자신의 의견을 적극 개진하며 함께 논의하는 좋은 파트너의 모습 등으로 완전히 새로운 중전 캐릭터를 완성했다. '슈룹'이 순우리말로 '우산'이라 했던가. 중전 화령은 자식들의 비바람을 막아주는 우산처럼 늘 굳건히 그들 옆에 자리했다. 하지만 슈룹이라는 제목이 더욱 특별했던 이유는 그녀의 우산이 대군들의 안위만을 챙기는 이기적인 모습이 아니었다는 점이다. 백성들의 국모로서 비참한 최후를 맞은 의성군까지 고루 챙기는 참어머니로서의 사랑을 그대로 보여주었기 때문이다. 조선시대라는 제약된 시대적 배경에도 불구하고 주체적 여성 캐릭터, 사회적 소수자들에 대한 다양한 시선까지 고루 조명한 드라마라는 점에서 〈슈룹〉은 중국풍 논란을 쉽게 뛰어넘을 수 있었던 웰메이드 드라마였다고 평가할 수 있겠다.

4.
일제강점기 시대물의 연이은 등장, 괜찮은 걸까?

국내 대중에게 익숙한 일제강점기 역사물

넷플릭스는 다시 한 번 일제강점기를 배경으로 한 액션물로 2023년의 대미를 장식했다. 박서준, 한소희 주연의 〈경성크리처〉가 그 주인공이다. 〈경성크리처〉는 2024년 상반기에 시즌2도 연이어 공개한다고 하니, 넷플릭스가 〈경성크리처〉에 걸고 있는 높은 기대를 짐작할 수 있다. 그도 그럴 것이 〈경성크리처〉는 이미 시즌1과 시즌2를 한꺼번에 제작했고, 제작 기간만 약 2년, 두 개의 시즌을 합쳐 수백억 원의 제작비가 들어간 것으로 알려졌다. 하지만 기대가 너무 컸던 것일까? 아직 공개 전인 시즌2에 대한 기대감은 여전히 높지만, 시즌1에 대한 대중과 업계의 평이 그리 좋지만은 않다. 왜일까?

일제강점기를 배경으로 한 액션물은 국내 대중에게 오랜 시간 사랑받았다. 서사의 치트키라 불릴 만큼 흥행 보증이 가능한 장르로

드라마 〈경성크리처〉 메인 포스터 (출처: 넷플릭스)

도 각광받았다. 영화를 넘어 글로벌 시리즈물로 콘텐츠가 확장되면서 OTT를 통해서도 다양한 시대물들이 공개를 했거나 공개를 앞두고 있다. 2023년 9월, 넷플릭스의 대대적인 홍보와 함께 공개된 김남길 주연의 〈도적: 칼의 소리〉 역시 일제강점기를 시대적 배경으로 한 액션 로맨스 활극이다. 연이어 공개한 〈경성크리처〉는 '크리처물'(괴물, 몬스터 등이 전면에 나서는 장르)과 일제강점기의 조합이라는 다소 특이한 액션 로맨스 판타지 서사다. 해당 장르물의 흥행 불패 공식과는 다르게 〈도적: 칼의 소리〉는 별다른 화제를 모으지 못한 채 쓸쓸히 퇴장했고,

〈경성크리처〉는 아직 그 결과에 대한 판단을 완벽히 내릴 수는 없지만, 기대에 못 미친다는 평이 우세한 것이 사실이다. 분명 서로 다른 배경과 인물의 조합, 다채로운 차별화 포인트 등 넷플릭스 기대작으로 화제몰이를 한 작품들인데, 왜 시청자들은 이들에 심드렁한 반응을 보이는 걸까? 또 일제강점기의 시대물이 특히 자주 선택되는 이유는 무엇일까?

영웅 이야기, 그 진화의 끝은?

대중에게도 이미 유명한 신화학자 조지프 캠벨(Joseph Campbell)은 '영웅의 여정'이라는 신화원형을 통해, 신화와 전설에서부터 존재한 영웅의 탄생과 여정이 수 세기가 지난 현재까지 꾸준히 사랑받는 이유에 대해 설명했다. 그는 영웅 서사가 인간의 집단 무의식 속에 존재하고 있음을 증명했고, 이것이 대중이 자신도 모르게 '영웅의 여정'에 빠져드는 이유라고 설명했다. 따라서 영웅 서사는 전 세계가 공감하고 즐길 수 있는 핫한 서사원형으로 오랜 시간 사랑받고 있다. 영웅의 여정은 대중의 흥미와 재미를 이끄는 핵심적인 서사구조를 따르고 있고, 어떤 배경과 시대에도 그대로 적용 가능한 익숙함과 가공 가능성이 이 서사의 가장 큰 장점이라 평가할 수 있겠다.

그래서일까? 제작자들이 대중의 기호라 믿는 이야기의 중심에는 늘 영웅의 여정이 자리하고 있고, 우리 콘텐츠의 흥행 치트키인 일제강점기 서사는 당연히 이 '영웅'의 여정을 그대로 따르고 있다. 〈도적: 칼의 소리〉 속 이윤도, 〈경성크리처〉 속 장대주도, 또 그동안 수많은 이야기로 탄생한 일제강점기 독립군 서사는 우리에게 매우 익숙한 영웅 서사다. 그도 그럴 것이 1920년대부터 대한 독립 이전까지의 시기는 시대의 암흑기로 모든 국민들의 마음속에 가장 치욕의 세월로 학습되고 기억된 시기다. 학습되었다는 것은 교육과정의 역사 수업도 포함하지만, 오랜 시간 만들어진 수많은 영상 콘텐츠를 통해 우리에게 축적되었다는 뜻이기도 하다. 그만큼 당시의 시대상과 격동, 고난과 영웅의 탄생 등을 담은 콘텐츠는 수도 없이 많았고, 최근 20여 년만 하더라도 다양한 흥행작을 확인할 수 있다.

드라마 〈도적: 칼의 소리〉 메인 포스터 (출처: 넷플릭스)

특히 '모던 경성'만을 특정해도 수 가지에 이르는데, 김지운 감독의 〈모던 보이〉, 전지현 주연의 〈암살〉, 공유, 한지민의 〈밀정〉, 김은숙 작가의 드라마 〈미스터 션샤인〉, 애플TV의 〈파친코〉에 이르기까지 종류와 내용도 다양하다. 이 작품들의 공통점 역시 시대의 난세 속에서 탄생한 영웅의 일대기나 소시민 영웅들의 파란만장 서사이고, 이를 접하는 국민들의 대다수는 일본을 향한 분노와 독립군의 영웅성에 열광했다.

하지만 앞서 설명한 대로 역사라는 스포일러와 영웅의 탄생이라는 집단 무의식적 서사구조, 수많은 콘텐츠로 수없이 탄생해온 비슷한 소재와 인물들의 향연은 어쩔 수 없는 기시감과 함께 시청자들에게 일종의 지루함을 안겨준다. 난세의 영웅을 통해 시대의 아픔을 가슴 깊이 되새기자는 대의에 입각한 작품들도 있을 수는 있으나, 이른바 '평타는 친다'는 제작자들의 안일한 인식도 한몫하는 셈이다. 작품들이 각자의 매력을 뽐내고 있지만, 어느 순간부터 대중에게 다가오는 이미지는 모두 같다. '일제강점기 액션극'. 디테일은 다르지만 어디서 본 듯한 내용과 주제의식은 '부진' 혹은 '예상치 못한 혹평'이라는 결과를 도출해내고 있는 것이다.

이루어질 수 없는 사랑, 한국형 로맨스는 필수요소

일제강점기를 배경으로 한 콘텐츠는 주제의식과 소재 측면에서 '이야깃거리'가 무궁무진하다. 대중은 서사성, 주제의식, 소재, 장르, (화려한) 볼거리, 남녀 주인공의 호감도 등 고려할 수 있는 다양한 조건들을 통해 콘텐츠를 선택할 수 있다. 제작자도 시청자의 이러한 니즈를 알고 있기 때문에 최대치의 덫을 치고, 그 덫 안에 최대한 많은 대중이 반응할 수 있도록 큰 판을 짠다. OTT 시대가 도래한 후 다양한 시도가 가능하게 되었고, 일제강점기 독립군 이야기는 언제부턴가 OTT의 단골 소재가 되었다. 또 그 속에는 한국형 로맨스의 필수요소인 '이루어질 수 없는 사랑' 이야기가 빠지지 않고 등장한다.

특히 '모던을 입은 경성'의 이야기는 다양한 공식을 버무릴 수 있

드라마 〈도적: 칼의 소리〉 스틸컷 (출처: 넷플릭스)

는 가장 좋은 판이다. 시대의 아픔은 '이루어질 수 없는 사랑'을 표현하기 충분하고, 남녀 주인공의 슬픔이 배가 될수록 시청자들의 아픔과 공감은 올라간다. 독립군과 친일파의 사랑, 조선인과 일본인의 사랑을 비롯하여 수많은 조합과 설정이 가능한 당시의 시대적 배경이 그러하다. 〈도적: 칼의 소리〉 속 이윤과 남희신의 사랑이 그러하고, 〈경성크리처〉 속 장대주와 윤채옥의 사랑이 그러하다. 시대는 그들의 사랑을 더욱 힘들게 하고, 그들의 사랑이 힘겨울수록 대중의 몰입도와 흥미는 높아진다.

특히 모던걸, 모던보이는 1920년대 식민 근대사회 속 전통이 부정되고 새로운 삶의 양식이 출현하던 격동기의 문화를 상징하는 존재들이다. 모던걸, 모던보이가 보여주는 당시의 의상과 문화적 특수성은 현재의 시청자들에게 많은 호기심과 볼거리를 제공하고, 일제강점기 후반 경성의 화려한 색채는 시대의 아픔을 극명히 대비시키는 요소로 무한 활용되었다. 따라서 세 가지 조합(일제강점기, 모던 경성, 이루어질 수 없는 사랑)은 흥행 치트키로 무한한 가능성을 가지고 있었다. 하지만 이번 〈도적: 칼의 소리〉와 〈경성크리처〉의 뜨뜻미지근한 반응은 이 조합의 흥행 보장성을 더 이상 확언할 수 없다는 반증처럼 보인다.

넷플릭스의 방향성과 콘텐츠로 자극하는 애국주의, 시청자의 반응은?

앞서 살펴본 콘텐츠 흥행의 필승 조합과 애국주의 마케팅은 오랜 시간 국내 시청자들의 큰 사랑을 받았다. 물론 오랜 사랑은 당연히 지루함을 가져온다. OTT 시대의 도래는 사람들의 콘텐츠 향유는 물론 사고방식에도 상당한 영향을 주고 있는데, 특히 어떠한 경계도 없는 수만 가지 조합의 다양한 콘텐츠들이 쓰나미처럼 몰려오는 현재의 콘텐츠 환경에서 대중의 취향은 점점 디테일해지고 있다.

그러한 의미에서 모던을 입은 경성의 독립군 이야기는 어느 순간부터 시청자들에게 더 이상의 신선함을 주지 못하고 있다. 넷플릭스에 연달아 공개된 콘텐츠만 보아도 시청자들은 이미 다 본 것 같은 피로감을 느낀다. 더 나아가 애국심을 자극하는 '콘텐츠 활용법' 역시 오히려 거부감을 안겨준다. 틀에 박힌 '애국주의'가 강조되는데, 이 틀에 박혔다는 뜻은 애국을 이야기하고 고취하는 방식이 클리셰 범벅이라는 것이고, 이를 뻔한 방식으로 나열함에 있다. 예전에도 봐왔고, 지금도 늘 보고 있는 어설픈 방식의 애국심 고취는 오히려 역효과를 낼 수 있다.

이와 관련하여 넷플릭스의 콘텐츠 선정 방식도 다양한 의견이 나오기 시작했다. 넷플릭스의 LGBT 지향성에 대한 의견도 분분하다. 완전한 자유와 경계와 편견 없는 콘텐츠를 지향하는 것에 열광했던 대중도 이것이 지속되면 하나의 방향성이 되고, 지향점이 된다는 것을 잘 알고 있다. 대중은 더 이상 설정된 방향성과 주입식 주제의식에

호응하고 휩쓸려가지 않는 능동적 시청자로 변모하고 있다. 그래서일까? 기대를 한 몸에 받고 공개된 애국주의 마케팅 역시 예전만 못한 흥행 성적으로 씁쓸함을 자아내고 있다. 대중의 콘텐츠 소비의 기준이 높아지고 있는 만큼, 제작사도 유통사도 이에 대한 더욱 심도 있는 고민이 필요하지 않을까?

3장

한국 문화 정책의 방향성

1. 가깝지만 아직은 먼 퍼블리시티권
2. 영화관의 위기
3. OTT 자체등급분류제도 시행, 괜찮을까?
4. 홀드백 법제화, 무엇이 우선인가?
5. 대중문화계의 끊이지 않는 표절 시비
6. BTS 그리고 e-스포츠 선수들의 병역특례 논란

문화는 고부가가치를 창출하는 핵심 성장 동력이다. 문화가 사회·경제·세계화 전반에 미치는 영향력은 크다. 특히 K-컬처가 우리 사회의 성장동력이자 핵심으로 자리 잡은 만큼 이에 대한 정책 방향성 또한 고려하지 않을 수 없다. 하지만 정권이 바뀔 때마다 정책의 방향성이 일관성을 잃고 요동치는데, 문화 분야의 상황은 더욱 심각하다. 문화콘텐츠라는 예술과 산업의 복합 영역에서 정책에 따라 변화하는 문화의 방향성을 살펴보고 그 본질을 파악하여 지속 가능한 문화의 발전을 도모하는 것은 중요하다. 특히 영화계의 위기와 대책, OTT 시대 속 시청 등급의 문제, 표절에 대한 방향성 등의 실체를 알아보고 이에 대한 의견을 나누어본다.

1.
가깝지만 아직은 먼 퍼블리시티권

퍼블리시티권, 많이 들어는 봤지만 여전히 생소한 단어다. 퍼블리시티권의 정의를 물으면 쉽게 답할 수 있는 이들은 많지 않다. 우리나라에서는 퍼블리시티권을 대략 초상권 정도로 인식하는 사람들이 많은데 초상권과는 다소 차이가 있다. 미국에서 처음 시작된 이 법이 우리나라의 실정에 맞게 고쳐지면서 그 단어가 주는 생소함까지 그대로 가져왔다. 그래서인지 더욱이나 아리송하게 느껴지는 법이 퍼블리시티권이다.

퍼블리시티권은 자신의 아이덴티티(성명, 초상 등), 즉 자신을 식별할 수 있는 모든 종류의 것들에 대한 상업적 이용의 권리가 스스로에게 있음을 증명하는 것으로, 그 권리에 대한 사용 승인 여부가 논의의 관건이다. 내가 가진 권리를 상업적으로 이용할 수 있게 하는 것, 당연히 모든 인간에게 적용될 수 있지만, 이를 상업적으로 이용하여 이익을 얻을 수 있는 당사자는 당연히 연예인 등 특정 유명인에 국한된다.

하지만 1인 미디어 시대가 도래한 지금, 누구나 하룻밤 사이에 유명인이 될 수도 있고, 누구나 퍼블리시티권이 침해될 가능성이 있으며, 개인의 권리가 중요한 화두가 된 시대에 퍼블리시티권의 제정과 시행은 시의적절해 보인다.

하지만 국내에서는 부정경쟁방지법이라는 이름으로 퍼블리시티권이 시행되기 시작했음에도 해당 법에 대한 다양한 의견이 쏟아지고 있다. 그 이유는 해당 판례가 아직 부족하여 관습법적 성격을 띠고 법에 대한 명확한 기준이 부족하기 때문이다. 미국의 경우, 초기 퍼블리시티권은 유명인의 이름과 초상에 관한 권리에서 출발했지만, 이제는 유명인의 표상, 심지어 특정인과 연결된 물체에 의해 연상되는 인격까지 인정하자는 시도*까지 이어지고 있다. 1950년대부터 약 70여 년간 시행해온 미국에서조차 세월이 흘러가면서 법의 적용 범위와 해석이 계속 변화하는데, 판례조차 찾기 힘든 우리나라에서 이를 어떻게 효과적으로 적용하여 많은 사람들의 공감을 얻을 수 있을지 막막하다. 또한 인격권의 재산권화라는 다소 애매모호한 의미, 그리고 한국인의 정서법에 맞지 않는 기준 등을 과연 어떻게 효과적으로 적용할 수 있을까?

* 남형두, 「세계시장 관점에서 본 퍼블리시티권」, 『저스티스』 제86호, 한국법학원, 2005, 94쪽.

모호한 경계, 우리의 정서에 맞는가?

사례 1

너무나 익숙하고 유명한 인물의 사진을 활용하여 대학교 조별 과제물 중 일부를 만들었다. 반응은 뜨거웠고 높은 점수를 받았다. 하지만 한 학생이 '내 가수'의 사진을 어떻게 함부로 사용할 수 있냐며, 퍼블리시티권의 침해라고 이야기한다. 수많은 광고에 자주 사용된 사진이고 나뿐만 아니라 많은 사람들이 밈으로 활용하고 있던 사진이라 퍼블리시티권의 침해라는 말에 당황스럽다.

앞서 설명한 사례는 한국인이라면 쉽게 공감할 수 있는 일상생활에 퍼블리시티권이라는 다소 생소한 개념이 비집고 들어온 사례다. 물론 가상의 사례이지만, 퍼블리시티권이 시행된 이상 얼마든지 발생할 수 있는 문제다. 해당 사례의 경우, 당연히 퍼블리시티권이 적용되지 않는다. 대학 과제물로 유명인의 사진을 활용했을 뿐 상업적으로 이용하지 않았기 때문이다. 하지만 이 사진을 접한 유명인의 팬은 '내 가수'의 사진이 무단 도용된 것으로 보았다. 엄연히 인격권 중 재산권이 침해된 것이 아닌데, 그 사실은 간과한 채 퍼블리시티권을 자의적으로 해석하여 문제를 제기한 것이다.

이러한 상황은 왜 일어날 수 있는가? 이는 국민들에게 와닿지 않는 용어의 사용이 촉발하는 문제다. 대략적 의미는 알지만 정확한 개념을 설명하기 어려운 영어식 표현은 혼돈을 가져온다. 아이덴티티의 범위 역시 모호하다. 미국의 판례를 참고하여 유명인의 이미지, 서명, 캐릭터 등 표현물의 범위를 얼마나 넓게 적용해야 하는지 등 객관적 기준이 모호하다는 것이 가장 큰 문제점으로 지적된다. 또한 유명인과 일반인을 객관적으로 구분하는 지표는 무엇이며, 유명인으로 한정한 법률은 자칫 연예인 특권 보호법처럼 비추어질 수 있어 국내 정서상 맞지 않은 느낌마저 든다. 그뿐만 아니라 일반인이 가진 권리도 부정할 수 없기에 이에 대한 명확한 기준과 논의가 필요할 것으로 보인다.

표현의 자유는 어디까지 인정되어야 하는가?

사례 2

설 특집 모창 가수왕은 우리 가족이 사랑하는 프로그램이다. 이번 모창 가수왕 1위에 뽑힌 김씨는 가수 A씨의 시그니처 창법은 물론 헤어스타일과 의상까지 완벽하게 재현했다. 그는 설 특집 방송으로 일약 스타덤에 올랐고, 각종 광고와 행사 섭외 1순위가 되었다. 많은 팬들이 생겼고, 코로나로 지친 국민들에게 큰 웃음을 선사했다. 그런데 돌연 가수 A씨로부터 고소를 당하게 되었다. 퍼블리시티권 침해라는 것이다.

사례 2의 경우, 대중문화를 즐기는 한국인이라면 누구나 아는 패러디에 관한 이야기다. 패러디는 한국 대중문화를 이끄는 동력 중 하나라고도 말할 수 있다. 그만큼 패러디의 역사도 길고 그 종류도 다양하다. 문학작품에서의 예술적 창작 행위나 기법에서 시작된 패러디가 대중문화로 그 범위를 확장하면서 성대모사, 모창, 행동모사 등 다양한 형태로 파생되었다. 패러디의 본래적 의미도 단순 모방이 아닌 원작을 면밀히 분석하여 비틀고 풍자하여 새로운 의미를 창출하는 것에 있는데, 이러한 과정 중에 당연히 상업적 이해관계가 개입될 수밖에 없다. 비의 〈깡〉을 예로 들자면, 비의 노래 〈깡〉이 역주행하며 큰 사랑을 받게 되었는데, 이 역주행의 원동력은 〈깡〉 인터넷 밈(meme)에서 비롯되었다. 유튜브 등 SNS를 통해 패러디되기 시작한 비의 〈깡〉은 수많은 짤을 양산하며 하나의 밈으로 큰 사랑을 받게 되었다. 〈깡〉 패러디가 문화 현상이 되자, 한 음료회사는 비를 '패러디'하여 자사 홍보 게시물로 활용했는데, 비의 팬들은 이를 두고 퍼블리시티권에 저촉된다며 문제를 제기했다. 패러디가 하나의 문화 현상처럼 자유롭게 활용되었지만, 직접적인 광고로는 활용할 수 없다는 것이다.

그렇다면 유튜브를 통해 비의 짤을 만들어 게시한 유튜버에게는 상업적 의도가 전혀 없었다고 이야기할 수 있을까? 당연히 패러디 짤로 높은 조회수와 유명세, 광고 수익까지 발생하는 것이 유튜브의 수익구조인데, 용인되고 되지 않는 상업성의 간극은 어떻게 메울 수 있을 것인가? 패러디를 어디까지 어떻게 허용할 수 있고, 퍼블리시티권이 당사자의 기분을 해치지 않는다면 표현의 자유에 해당되는 것인지, 그 경계가 모호하다.

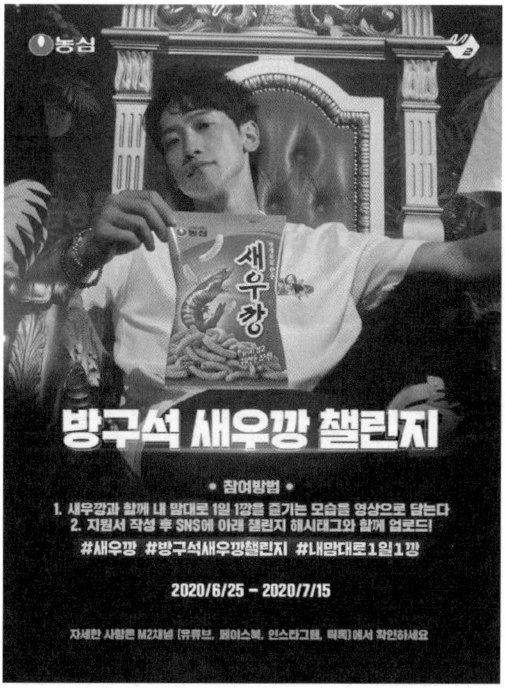

가수 비와 M2, 농심이 방구석 새우깡 챌린지를 열었다. (출처: Mnet M2/텐아시아)

그럼에도 시행되어야 하는 이유는? K-컬처 보호, 메타버스의 시대적 숙명

OTT 서비스의 성장은 우리 콘텐츠의 세계화에 큰 기여를 했다. 〈오징어 게임〉은 전 세계적 신드롬을 만들었고, BTS 음악은 수많은 '아미(Army)'를 양산했으며, 〈기생충〉, 〈미나리〉가 아카데미의 벽을 허물기 시작했다. 문화콘텐츠 산업이 가장 발달한 미국에서 퍼블리시티권이 시작되었듯, 대중문화 산업이 발달할수록 퍼블리시티권의 중요성이 높아지는 것이다. 특히 콘텐츠 무단 도용에 관대한 중국에 합법적인 문제를 제기할 수 있으려면, 먼저 국내법 도입이 시급하다는 여론이 우세했다. 이미 수년 전부터 중국 포털 사이트 키워드 광고에는 한국 연예인이나 콘텐츠 캐릭터를 그대로 활용한 광고 제품이 즐비하다. 또 K-POP의 모방이 이제는 단순 모방을 뛰어넘어 미묘한 차이까지 베껴 혼동을 일으키는 수준에 이르렀으니 법적인 제재가 필요한 것이 사실이다. 국내법이 존재하지 않는 상태에서 해외 위반 사례를 적발하거나 이의를 제기할 수 없기에 명확한 법과 기준으로 K-콘텐츠 보호가 시급한 실정이다.

이 밖에도 메타버스의 시대를 맞이하여 아바타, AI 딥페이크 등 기술의 발달도 법적인 보호조치가 필요한 산업이 되었다. 중국에서 딥페이크로 아이유를 모방한 '차이유'가 중국 SNS 틱톡으로 뷰티 크리에이터 활동을 하고 있고, '아이유 닮은 꼴'로 높은 인기와 수입을 올린 것이 뉴스에 연일 보도되었다. 당연히 퍼블리시티권의 침해 사례로 법적인 제재를 받아야 마땅한 상황이지만 어떠한 조치도 없었다.

메타버스의 세계도 마찬가지다. 아바타가 일종의 재화가 된 지금, 아바타로 벌어들이는 수익이 막대하다. 그중에서 유명인의 캐릭터나 의상 등을 도용하여 아바타를 제작하는 사례가 빈번하다. 또 가상세계의 사회 · 경제 · 문화 활동이지만 현실 세계의 저작물이 그대로 활용되는 사례들까지 퍼블리시티권의 위반 사례는 셀 수 없다. 가상의 세계라고 타인의 노력에 무임승차하는 것을 용인할 수는 없다.

'아이유 짝퉁' 中 차이유, '딥페이크' 기술 (출처: 셀럽미디어)

문화콘텐츠 산업의 중심지로 급부상하고 있는 한국이 억울한 피해를 보지 않기 위해 무형의 지적재산권 또한 명문화된 기준으로 보호해야 할 때가 왔다. 그만큼 앞선 사례들은 앞으로 수없이 발생할 수밖에 없는 일들이고, 이에 대한 철저한 대비가 필요한 것이다.

법조인과 현장 전문가의 협의를 통한 부실 대비

법조계 일각에서는 퍼블리시티권이 상속, 양도가 안 되므로 재산권의 성격을 가지지 못하기 때문에 개정법이 큰 효력이 없을 것이라고 이야기한다. 하지만 퍼블리시티권은 권리의 침해가 발생했을 때 구제에 그 목적이 있어야 하는 것이지, 유명인의 권리 자체를 미리 재산권으로 확정해주기 위함이 아니다. 자칫 잘못하면 연예인 특별법으로의 오해의 소지가 있기에 더욱 상세한 기준 마련이 요구된다.

반면 대중문화의 파생은 자유로운 표현과 다양한 밈의 발생, 이를 통한 다양성 확보에 존재의 가치가 있다. 퍼블리시티권의 제정은 자칫 경직된 패러디 문화를 양산할 수 있다는 우려를 낳는 것도 사실이다. 그렇기 때문에 다양한 영역의 대중문화가 공존하면서 한 사람의 인격권과 재산권을 함께 보호할 수 있는 포괄적인 개념의 확보가 필수적이다. 따라서 국내 부정경쟁방지법 내 퍼블리시티권이 명문화된 만큼 수없이 발생 가능한 법적 분쟁에서 법조인과 문화콘텐츠 현장 전문가들의 협의와 소통이 필요한 때다. 현장에서 통용되는 예술의 영역과 법적 해석의 여지로 발생할 수 있는 모호성의 틈을 메우기 위해서다.

그뿐만 아니라 퍼블리시티권의 제정과 시행에 대한 다각도의 홍보도 시급하다. 몇 해 전 '폰트 저작권' 위반으로 발생한 불미스러운 상황에 말미암아 많은 국민들이 자신도 모르게 퍼블리시티권을 위반할 수 있음을 인지할 수 있도록 홍보가 필요하다. 특히 어린이와 청소년이 주도하는 콘텐츠 시장이 급속도로 성장하고 있는 만큼 그들에 대한 법의 제정과 시행 홍보가 필수적이다. 이러한 다양한 노력들을 통해 무형의 재산도 반드시, 충분히 보호되어야 함을 자연스럽게 받아들여야 할 때가 온 것이다.

2.
영화관의 위기

매체 생태의 변화, 콘텐츠의 다양화 과정

매체 환경이 급속도로 변화하면서 콘텐츠의 제작과 소비에 다양한 변화가 생겼다. 본래 콘텐츠는 영화 스크린과 TV로 정확히 양분되었고, 그 시청 타깃은 늘 '가족'이었다. 거실 문화·가족 문화 중심의 '함께 소비'해야 할 콘텐츠가 제작의 중심이었기에 남녀노소 모두가 즐기는 소재, 함께 봤을 때 어색하지 않을 소재, 자극적이거나 선정적이지 않을 소재의 선택이 중요했다. 하지만 시대가 변화하면서 콘텐츠를 즐길 수 있는 매체는 다양해졌다. 매체의 다양화는 당연히 제작과 소비 형태의 변화를 가져왔다.

매체 생태가 변화하면서 우리는 언제 어디서든 원하는 콘텐츠를 쉽게 접할 수 있다. 여럿이 함께 공유하는 기기의 시대를 지나, 내 손 안의 기기를 통해 자신의 기호에 맞는 콘텐츠를 직접 찾아보는 시대가 된 것이다. 디바이스도 다양하다. 노트북, 태블릿, 휴대폰까지 장소에 구애받지 않고, 다른 장비에서 보던 콘텐츠를 다른 장소에서 이어서 보는데도 전혀 지장이 없다. 이는 콘텐츠 소비의 개별화를 가져왔다. 자신만의 디바이스로 혼자, 본인이 원하는 콘텐츠를 찾아보는 데 익숙해진 대중이 많아졌다. 개별화, 개인화는 당연히 자극적이고 선정적인 소재도 혼자 소비하는 시대가 도래했음을 의미한다.

이 모든 것을 가능하게 한 것은 역시 OTT의 등장이다. OTT 시장이 급속도로 발전하면서 콘텐츠의 범람은 많은 이들에게 넓은 선택의 폭과 빠른 즐거움을 주고 있다. 코로나19 팬데믹은 OTT의 성장을 가속화했고, 대중은 선택의 폭이 넓어진 OTT형 콘텐츠의 소비에 익숙해졌다. 영화 콘텐츠만의 장점을 충분히 흡수한 OTT 콘텐츠는 '영화 못지않음'을 넘어 이제는 '영화보다 더 영화 같음'이라는 평을 들을 정도로 급성장했다. 이렇듯, 다양한 OTT 콘텐츠의 홍수는 대중이 굳이 영화관을 찾지 않아도 되는 충분한 이유를 만들어주었다. 엔데믹 선언 이후 이러한 변화는 단순히 방역 조치로 영화관에 갈 수 없어 발생한 시대적 현상이 아닌, OTT 시장의 급부상과 대중이 가진 콘텐츠 인식의 복합적인 변화가 만든 현상이라 풀이해야 할 것이다.

보다 개인화되고 취향화된 삶의 방향성은 당연히 콘텐츠 선택에도 영향을 미친다. 혼자 보는 콘텐츠 그 이상의 가치, 실제를 방불케 하는 시청각적 경험, 홀드백을 기다릴 수 없는 재미 등이 복합적으로 설명 가능한 콘텐츠에 소비자들의 지갑이 열리는 시대가 도래한 것이다.

그렇다면 현재의 한국 영화 콘텐츠는 어떨까? 한국 영화 콘텐츠 자체는 변화한 관객들의 감각과 생각을 따라가지 못하고 있는 것 같다. 팬데믹 기간 동안 상영되지 못한 영화들이 어림잡아도 수백 편이 되었던 만큼, 개봉 대기 중인 영화가 적지 않다. 하지만 이 영화 콘텐츠들은 이미 최소 3년은 묵힌(영화 제작 기간을 포함한다면 더욱 길어질 것이다) 것들로, 빠른 변화와 즉각적 소비에 익숙해진 관람객들의 구미를 당기지 못하고 있다. 거기다가 계속해서 제기되고 있는 영화 관람료 인상에 대한 시민들의 불만은 콘텐츠도 별로인데 비싸기까지 하다는 오명을 안겨주고 있고, 이는 한국 영화 산업 전체의 침체를 가져오고 있다.

영화 산업의 위기? NO! 한국 영화의 위기

소비 형태의 변화는 문화 생활에도 고스란히 적용된다. 영화관으로 향하는 관객들의 영화 선택의 조건이 까다로워진 것이다. 우선 티켓 값의 상승은 관객들의 선택에 가장 직접적인 영향을 미치고 있다. 영화관의 입장은 코로나19를 거치면서 몇 년간 지속된 적자 규모를 메우기 위한 어쩔 수 없는 선택이라고 하지만, 이를 직접적으로 체감하는 관객들 입장에서 영화관의 문턱은 높아졌다. 실패 없는 스토리, 시청각적 만족도, 영화를 통한 재미와 즐거움의 추구 등 전방위적 조건들을 따져 티켓 값에 상응하는 '가심비'까지 충족되어야 하여 절대 기준이 높아진 것이다.

하지만 문제는 상반기 영화의 흥행에 한국 영화가 사라졌다는 점

〈더 퍼스트 슬램덩크〉 포스터 (출처: 네이버 영화)

이다. 영화의 매출은 전년 대비 143% 이상 성장했지만, 한국 영화의 흥행은 극소수다. 관객수 100만 명을 넘은 한국 영화도 손에 꼽을 정도다. 반면 143% 성장의 견인차는 외화다. 팬데믹 속에서도 800만 명을 돌파한 〈탑건〉이나, '쌍천만'*을 기록한 〈아바타〉까지. 또 무엇보다 인상 깊은 점은 일본 애니메이션의 강세였다. 〈슬램덩크〉, 〈스즈메의 문단속〉, 〈귀멸의 칼날: 상현집결, 그리고 도공 마을로〉다. 이 세 작품

---

* 2015년 8월에 〈암살〉과 〈베테랑〉이 둘 다 천만 관객을 돌파하면서 만들어진 신조어. '쌍천만 영화', '쌍천만 배우', '쌍천만 감독' 등으로 쓰인다.

의 공통점은 무엇일까? 탄탄한 원작과 팬덤을 보유했고, N차 관람까지 가능한 특별함을 가졌다는 점이다. 반면 야심차게 관객을 만난 한국 영화의 성적은 어떠할까? 〈리바운드〉(감독 장항준), 〈킬링 로맨스〉(감독 이원석), 〈드림〉(감독 이병헌) 등 스타감독과 배우들이 대거 포진한 영화였지만 흥행실적은 초라했다. 이 밖에도 손익분기점을 넘지 못한 한국 영화가 대부분이다.

당연히 2023년 상반기의 지표만으로 "한국 영화의 실패다"라고 단정 짓기는 힘들다. 그럼에도 복합적인 요인들과 함께 확인할 수 있는 사실은 분명히 있다. 이제는 영화관에 가서 '얻어 걸리는 영화 봐야지' 하는 소위 워크인 관객을 찾기 힘들 것이라는 전망이다. 확실한 입소문이 있거나, 본인이 진짜 보고 싶은 콘텐츠라는 강력한 동기가 있지 않은 이상 관객들의 영화관 방문을 기대하기란 쉽지 않을 것이다.

현재 한국 영화는 관객을 극장으로 이끌 강력한 동기를 만들어내지 못하고 있다. 일각에서는 티켓 값은 낮출 수 없기에 영화의 퀄리티를 더욱 높여 다시 관객을 끌어모을 계획이라고 한다. 가능할까? 콘텐츠는 대중문화의 핵이다. 하나의 완성작이 관객을 많이 만날수록 수익이 커지는 구조다. 투자를 받기도 힘든 현 상황에서 더 좋은 퀄리티의 영화가 나올 수 있을지도 의문인데, 영화관의 문턱까지 높아진 현실은 한국 영화 산업의 전망을 더욱 어둡게 하고 있다.

한국 영화가 나아가야 할 길과 영화관의 고민은 다르다!

〈범죄도시 3〉는 시리즈물로는 이례적으로 쌍천만을 돌파했다. '전편만한 속편 없다'는 소포모어 징크스도 가볍게 불식시키며 이루어낸 성과다. 이미 8편까지 제작을 확정지었다고 하니 한국 영화사에 한 획을 그을 만한 작품임에 틀림이 없다. 그렇다면 〈범죄도시〉 시리즈의 성공 요인은 무엇일까? 영화 자체의 완성도는 차치하고 범죄·액션·오락이라는 삼박자가 고루게 들어맞은 영화로 손색이 없다. 관객의 니즈를 정확히 파고들고, 제작자도 관객도 서로의 니즈에만 집

〈범죄도시 3〉 메인 포스터 (출처: 네이버 영화)

중한다. 믿고 보는 범죄 오락 영화로 확실히 자리매김했고 전작들의 성공은 오히려 이어질 작품들에 확실한 보증 수표가 되어주었다. 이렇듯 〈범죄도시 3〉는 한국 영화의 제대로 된 흥행이 여전히 가능하다는 것을 증명했다. 확실한 재미와 검증된 입소문이라면 관객은 기꺼이 지갑을 연다.

그동안 한국 영화는 제작사와 배급사가 관객을 선택하는 영화를 주로 상영했다. 무슨 말이냐면, 유명감독과 배우, 대규모 자본을 투입한 이른바 텐트폴 영화가 극장 성수기 상영관을 장악하여 관객의 자유로운 선택권을 제한했다. 또한 그동안의 흥행 공식에 따라 만들어진 클리셰 범벅의 상업영화가 대형 제작사와 배급사를 중심으로 극장을 장악했다. 예상 가능한 경로대로 진행하는 대형 자본의 한국형 상업영화는 그래서인지 서서히 외면받고 있다.

이렇듯 소비자들의 콘텐츠를 바라보는 눈이 달라졌다. 케케묵은 흥행 공식과 3~4년 전 시나리오에 관객들은 더 이상 호응하지 않는다. 지난 3년간 경험이 바뀌었고, 사람들의 인식도 크게 달라졌다. 지금 영화 콘텐츠의 경쟁 상대는 OTT 콘텐츠가 아니다. 관객들의 선택권, 그 자체에 있다. 관객 스스로 영화관에서 볼 영화와 OTT에서 볼 영화를 나누고, 자신의 기호에 맞는 콘텐츠들을 직접 찾아본다. 능동적으로 소비한다. 한국 영화 산업은 OTT 콘텐츠 탓만 할 것이 아니라, 빠르게 변화하고 있는 다양한 콘텐츠와의 경쟁에서 승리할 방향성을 설정해야 할 것이다. 또 영화의 마케팅에 있어서도 관객수에만 집착할 것이 아니라, 손익분기점을 기준 삼아 좀 더 다양하고 획기적인 마케팅 접근이 필요한 시점이다. 대형 자본과 다양성, 독립 영화가

상생하는 방법을 더욱 적극적으로 고민해야 할 때다.

또한 영화관은 관객들이 새로운 경험이 가능한 공간이자, 자신이 원하는 콘텐츠를 접할 수 있는 공간으로 새로운 매력을 어필해야 할 것이다. 예를 들어 CGV를 비롯한 멀티플렉스 영화관은 위기를 타개하기 위한 하나의 자구책으로 콘서트 생중계라는 돌파구를 모색하고 있다. 현장에 참여할 수 없거나 티켓을 구하지 못한 팬들을 위해 K-POP 콘서트를 생중계하는 것이다. CGV는 2022년 BTS를 비롯해 샤이니 키, 엑소 카이 등 여러 아티스트들의 콘서트를 생중계했다. 또 그룹 아스트로의 팬미팅도 한국과 인도네시아에 동시 생중계했고 반응은 뜨거웠다. 멀티플렉스 스크린이 가지고 있는 기술력을 활용해 다양한 경험을 할 수 있고, 영화로 한정되지 않는, 보고 싶은 콘텐츠를 찾으러 오는 공간으로 변신을 시도할 필요성이 있다.

영화관을 영화만의 공간으로 제약하기보다는 공간 개념의 활용을 통해 일상 속에서 향유할 수 있는 문화 공간으로서 영화관의 가치를 새롭게 모색해야 할 때다. 공간 활용을 통한 새로운 문화의 창출은 어쩌면 사라져가는 '워크인 관람객'을 다시 찾아오게 할지 모른다. 한국 영화는 지금껏 많은 위기를 극복했다. 이전에도 그랬듯 뼈를 깎는 노력으로 지금의 위기를 잘 헤쳐나간다면, 한국 영화 산업의 부흥기가 다시 찾아올 것이라 믿는다.

3.
OTT 자체등급분류제도 시행, 괜찮을까?

소포모어 징크스(sophomore jinx)라는 말이 있다. 전편만한 속편이 없다는 뜻으로, 흥행, 성과, 작품성 등 다양한 측면에서 속편은 첫 작품을 넘어서기 힘들다는 것을 일컫는 말이다. 다양한 작품들이 이른바 '징크스'라는 이름으로 이 속설(?)을 증명했다. 하지만 지난해 영화 〈범죄도시2〉는 이러한 징크스를 불식시키며 천만 관객 동원이라는 쾌거를 이루어냈다.

1, 2편의 잇따른 흥행으로 〈범죄도시〉는 8편까지 제작 계획이 이미 세워졌다고 하니, 이 영화가 한국 영화계에 남긴 상징성과 인기를 가늠해볼 수 있다. 해당 영화의 인기와는 별개로, 〈범죄도시〉 시리즈가 많은 이들을 놀라게 한 것이 있다. 바로 잔인성과 폭력성이다. 하지만 그보다 더 놀라운 사실은 성인들이 보기에도 폭력적이고 욕설이 난무했던 〈범죄도시〉가 1, 2편 모두 15세 관람가 등급으로 개봉되었다는 점이다. 학부모들 사이에서 이에 대한 갑론을박이 다양했다. 수

위를 잘 모르고 15세라는 말만 믿고 어린 자녀(부모를 동반한 초등생)와 영화관을 방문한 사례도 속출했다고 하니, 생각만 해도 아찔한 상황이 아닐 수 없다.

우리나라는 국내외 사업자 구분 없이, 유료로 제공하는 모든 영상물에 대해 등급분류를 거쳐야 하는 법적 근거가 존재했다. 가장 단순하게 윤리성과 공공성의 목적을 바탕으로, 어린이와 청소년을 유해 영상물로부터 보호하는 것이 이 사업의 핵심일 것이다. 〈범죄도시〉가 어떠한 경위로 15세 등급을 받게 된 것인지는 명확지 않으나, 영상물에 대한 등급 심의가 얼마나 중요한 것인지 확인시켜주는 대목이다.

OTT 자체등급분류제도 시행 초읽기, 명과 암은?

최근 OTT 자체등급분류제도가 시행되어(2023. 3. 28), 사업자 접수를 시작해 심사를 거친 뒤 5월 말 통과한 사업자에 한해 자체 등급분류가 가능하게 되었다. 자율성이 확대된다는 기대 속에 콘텐츠 사업의 다양한 변화가 전망된다. 그동안 콘텐츠 등급 심사에 대한 말이 많았다. 특히 수 일이 걸리는 등급 심사가 콘텐츠 업계의 성장을 방해하고, 까다로운 등급 기준이 콘텐츠의 유연성을 막는다는 지적이 많았다. 특히 등급분류 기간이 길어 콘텐츠의 즉각적인 유통과 소비를 방해하여 해외 시장 공략에 지장을 준다는 의견이 속출했다.

OTT 콘텐츠가 봇물 터지듯 쏟아지면서 영상물등급위원회(이하

OTT 자체등급분류사업자 신청 홍보 포스터 (출처: 문화체육관광부 공식 블로그)

'영등위')의 업무에 과부하가 걸린 것도 사실이다. 또한 자체 등급심사가 가능해지면서 10여 일의 심의 소요기간이 사라지고, 업계에서 곤란해했던 해외 동시 서비스 문제가 해결되는 등의 이점도 많다. 그럼에도 명확한 기준을 통해 진행되어온 유료 영상물에 대한 등급 결정을 콘텐츠의 빠른 유통 필요성 등의 이유로 지나치고, 이제는 업계의 자진 등급분류에 맡긴다고 하니 우려가 앞선다. 영등위에서는 이에 대해 자체 등급심사를 마친 영상물에 대한 사후 심의 등 해당 우려들에 대한 대책을 준비했다고는 하지만, 쏟아지는 사후처리로 자칫 이미 문제가 생긴 콘텐츠들에 대한 후속 조치가 어려워지진 않을까 걱정이 앞선다.

OTT 시장이 급속도로 발전하면서 콘텐츠의 범람은 많은 이들에게 넓은 선택의 폭과 빠른 즐거움을 주고 있다. 하지만 OTT 콘텐츠의 무분별한 방영과 시청이 국가와 사회에 문제를 일으킬 수 있다는 것 또한 많은 연구와 사례를 통해 밝혀지고 있다. 이 때문에 자체 등급분류는 분명한 명과 암이 존재한다. 자율이라는 이름으로 발생할 수 있는 득과 실이 국민 전체에게 어떠한 영향과 결과를 초래할지 아직은 조심스럽다. 특히 어린이와 청소년을 위한 보호는 아무리 강조해도 지나치지 않다. OTT에 유통되는 영상물이 어린이와 청소년들이 자유롭게 시청 가능한 콘텐츠가 된 이상, 자체 등급분류라는 이름으로 더 빠른 속도로 유해 콘텐츠를 접할 수 있는 통로가 되지는 않을까 우려된다.

음주운전으로 큰 물의를 일으킨 김새론이 넷플릭스 시리즈 〈사냥개들〉에 통편집 없이 등장했다. 작품 속 김새론이 사건의 중심을 이루는 역할인 만큼 극의 전개나 완성도를 고려했을 때 완전한 통편집이 불가능하다는 등의 이유에서였다. OTT가 선택형 · 비용지불형 서비스라는 명목하에, 일부 물의 연예인들이 자숙 없는 빠른 복귀의 꼼수 전략으로도 이미 활용하고 있는 것이다. OTT 콘텐츠에 대한 심의, 무엇이 올바른 전략일지 다각도의 심도 있는 논의가 필요해 보인다.

4.
홀드백 법제화, 무엇이 우선인가?

홀드백이란 한 편의 영화가 영화관을 벗어나 또 다른 수익 창구인 IPTV나 OTT를 통해 대중을 만나는 시기 정도로 정의할 수 있겠다. 지난해부터 이 홀드백의 시기를 업계의 자율이 아닌, 법제화를 하자는 논의가 시작되면서 영화계는 물론 콘텐츠 업계 전반이 뒤숭숭하다. 논의 초반 정부는 홀드백을 반드시 법제화할 것이라는 강경 기조가 아닌, 업계 상황을 살펴 적용할 것이라는 방침으로 한발 물러난 상태이지만, 논란은 여전하다. 홀드백 법제화, 무엇이 문제이고 이를 어떻게 보아야 할 것인가?

한국 영화시장이 힘들다. 팬데믹 핑계를 대며 버텨왔던 자존심이 무너졌다. 영화관을 찾는 발걸음이 뚝 끊긴 것이다. 거기다가 홀드백 기간이 더욱 빨라지면서 영화산업이 무너지고 있다는 것이 홀드백 법제화의 필요성을 주장하는 이들의 이야기다.

매체 생태가 변화하면서 콘텐츠 시장 전반에 큰 변화가 찾아왔다. 언제 어디서든 원하는 콘텐츠를 쉽게 접할 수 있게 되었고, 영화관은 이러한 변화에 속수무책 당할 수밖에 없는 실정이다. 매체의 변화는 사람들의 사고방식과 생활 패턴에도 직접적인 영향을 미쳤다. 이제는 '집단'보다는 개별화, 개인화된 삶에 더욱 익숙해졌고, 콘텐츠의 소비도 자신만의 디바이스로 원하는 콘텐츠를 찾아보는 것이 즐겁고 익숙해졌다. 영화관 출입은 더욱 뜸해질 수밖에 없다.

OTT 콘텐츠들은 대중의 생활 양식 변화를 사실상 견인했다. 영화만의 장점을 충분히 흡수한 OTT 콘텐츠는 '영화 못지않음'을 넘어 이제는 '영화보다 더 영화 같은'이라는 평을 들을 정도로 급성장했다. 이렇듯, 다양한 OTT 콘텐츠의 홍수는 대중이 굳이 영화관을 찾지 않아도 되는 충분한 이유를 만들어주었다.

홀드백 늦추면 영화관 찾아올까? 더 깊은 논의 필요

가장 단순하고 1차원적인, 대중이 영화관을 가지 않는 이유를 살펴보면 첫째는 비싼 티켓 값, 둘째는 짧은 홀드백 기간이다. 그만큼 빠른 홀드백은 현재의 영화 시장 침체와 직접적 관련이 있는 것은 확실하다. 개봉일 기준, 개봉작은 단 몇 주 안에 IPTV나 유료 콘텐츠로 유입되고, 그것도 모자라 또 몇 주 안에 가격이 인하되거나 OTT로 직행하기 때문에 영화관에서 영화를 볼 이유는 사라진다. 하지만 영화계가 독립영화, 중소 영화사와 제작사, 메이저 영화사와 배급사 등 수많은 이해관계가 얽혀 있는 만큼 영화인들이 한목소리로 '홀드백 기간을 강제하자!'에 동의할 수는 없을 것이다. 모두의 속사정이 다르다.

이미 투자를 받고 상영된 영화의 최종 목표는 가장 많은 대중이 해당 영화를 보고 즐기는 것이고, 이를 통해 최대한의 수익을 창출하는 것이다. 그동안 영화의 상영 기간과 관객 유입 속도 등을 통해 영화의 흥행 여부를 점쳐왔던 만큼, 만약 흥행이 묘연한 영화가 홀드백의 의무 규정 때문에 수익 창출의 기회마저 잃는다면, 제작자, 대중 모두에게 너무 큰 손실이 될 수밖에 없다. 콘텐츠가 나오고 사라지는 속도는 더욱 빨라지고, 반드시 그 영화가 아니어도 대체될 콘텐츠가 많은 현재의 콘텐츠 생태계에서 의무 규정이란 이름의 족쇄는 오히려 영화 시장의 침체를 가속화할지 모른다.

오히려 그동안 미루어왔던 해외 OTT 망 사용료의 법제화 등에 대한 논의나 OTT의 영상물 심의에 대한 구체적인 기준 마련 및 법제화가 필요한 시점이다. 영화에 대한 기준과 법제화 마련에 힘을 쏟기보다는 OTT 영상물에 대한 기준을 세분화하는 것이 콘텐츠 생태계 전반을 상생시키는 일이다. 예를 들어 영화에서는 어렵게 가능하던 영상물의 수위 조절이 정보통신망법의 규제를 받는 OTT에서는 쉽게 가능한 것도 영화 시장의 침체와도 관련이 있다고 본다. OTT에는 투자금도 많이 유입되는 데다 규제 또한 자유롭다는 인식이 오히려 영화업계에서의 생존이 아닌 OTT 시장으로의 방향 전환이라는 아이러니를 발생시킨다. 결국 '더 좋은 콘텐츠는 영화판이 아닌 OTT 시장이다!'라는 시장 인식이 팽배해질수록 악순환은 가속화된다.

만약 반드시 홀드백 법제화를 적용할 것이라면, 좀 더 대대적인 영화인들의 의견과 목소리를 통해 가능한 다양한 변수를 생각할 필요성이 요구된다. 특히 홀드백 기간의 차등 적용 등에 대한 고민이 급선무다. 결국은 망해버린 단통법처럼 취지는 좋았으나 결과적으로 부작용을 낳은 사례도 있는 만큼, 빠른 성과를 위한 빠른 법제화보다는 진짜 성과를 위한 다양한 의견의 종합이 필요해 보인다. 또한 창작자의 보호, 신선한 창작은 계속해서 일어날 수 있도록, 창작에 대한 지원을 강화하여 콘텐츠 시장 전반에 '새로운 이야기'가 유입될 수 있는 조치도 필요하다. 홀드백 법제화 이슈, 더 깊은 논의가 필요해 보인다.

5.
대중문화계의 끊이지 않는 표절 시비

유희열의 명성에 금이 갔다. 음악가에게 가장 치명적인 표절 시비로 말이다. 이로 인해 장수 프로그램이자 KBS 간판 음악쇼 〈유희열의 스케치북〉에서도 하차했다. 유희열은 가수이자 작곡가 토이로 명성을 쌓고 라디오 등에서 입담을 뽐내다가 TV쇼 MC로까지 승승장구했다. 그만큼 음악가로서의 색깔이 그가 가진 고유의 아이덴티티로 평가된다. 그뿐만 아니라 '음악성'으로 말미암아 기획사를 운영하고 있는데, '안테나'라는 이름에서도 알 수 있듯 아이돌 음악이 점령한 우리 음반계에 고유한 색깔을 유지하며 음악 하는 가수들을 육성하는 회사를 운영하고 있다. 그런 그가 표절 시비로 많은 프로그램에서 불명예 하차하게 되었고, 이에 대한 갑론을박도 매우 뜨거웠다.

음악평론가들의 입장은 엇갈렸다. MBC 〈100분 토론〉에서는 유희열의 표절 논란과 관련하여 매우 단호한 입장이 나왔다. 그의 표절은 객관적 양심과 의도를 이야기하기 민망한 수준이라는 의견까지 나왔다. 작곡과 편곡을 해왔던 그가 이를 몰랐을 리 없다는 것이다. 반면 유희열을 옹호하는 측에서는 사카모토 류이치(坂本龍一)의 음악 표절 시비와 관련하여, 원곡자가 확인한 사안을 두고 제3자가 왈가왈부할 필요가 없고, 8마디가 같다고 해서 표절이라고 할 수는 없다고 의견을 피력했다.

사실 대중문화계의 표절 논란은 비단 음악에만 국한되지 않는다. 가수 솔비는 미술 작품이 표절 논란에 휩싸였다. 이 또한 원작자와 어떠한 법정 공방이 일어난 것은 아니지만, 대중의 시선은 물론 전문가의 시각으로 보아도 비슷해 보이는 것을 넘어선 수준의 '유사성'이 발견되었다. 하지만 솔비는 '오마주'라는 용어로 표절 의혹을 강력하게 부인했다. 유희열도 비슷하다. 비록 유사한 부분이 있으나, (다수의 표절 제기에 대해) 동의할 수 없는 부분들이 많이 있다고 말했다. 물론 유희열 본인이 '레퍼런스'라는 단어를 꺼내진 않았지만, 그의 해명에는 '레퍼런스', 즉 참조의 느낌이 강하게 풍긴다.

예술가의 안일함, 예술가의 예술을 대하는 자세

예술가에게 '오마주'와 '레퍼런스'처럼 빠져나가기 좋은 출구가 있을까? 세상 모든 예술에 완전히 새로운 것은 없다고 하지만, 오마주와 레퍼런스에 관대해진 예술가는 유희열 사태와 같은 일에 영원히 자유로울 수 없다. 그저 언젠가는 문제가 터질 것을 알면서도, '나는 발각되지 않겠지…' 하는 안일함만 커질 뿐이다. 사실 대중문화, 현대 예술의 본질에서 패러디, 오마주, 모티브는 대중문화를 더욱 화려하게 꽃피우는 하나의 도구다. 하지만 이 도구들의 역할은 무단 복제와는 차원이 다르고 원작에 대한 면밀한 분석을 통한 재창조에 그 의미가 있다. 원작자의 동의가 필요하다는 것은 일종의 절차상의 문제인 것이지, 그 경계는 예술가 본인 스스로가 만들어가야 할 문제임이 분명하다.

조용히 넘어가면 나의 천재성, 발각되면 오마주나 레퍼런스가 되는 예술을 우리는 과연 진정한 예술이라 할 수 있을까? 혹자는 일련의 상황들을 저작권 침해 등 법적인 시각으로만 설명하려 한다. 하지만 이는 법적인 해석의 문제가 아닌, 예술가의 자기 정체성에 대한 문제로, 스스로에 대한 자각과 반성이 필요한 사안이다.

유명 예술가에게 예술은 더 이상 배고픈 직업이 아니다. 대중문화에 유명세가 붙은 작품은 높은 수익과 막대한 부를 보장한다. 어쩌면 막대한 부와 명성에 매몰되어 스스로 예술가이기를 포기한 것은 아닌지 되돌아봐야 한다.

대중의 인식 전환, 유희열의 묵히기가 문제 더 키워

유희열은 '생활 음악' 프로젝트에 첫 표절 의혹이 제기되고 약 6개월여 시간 동안 이에 대한 해명도 답변도 하지 않은 채 묵히기에 돌입했다. 유희열의 무대응은 오히려 사태를 악화시켰고, 결국 지금과 같은 슬픈 결말에 이르고 말았다. 표절은 원작자가 고소해야 성립되는 친고죄이기 때문에 제3자가 몰아가기 여론을 형성해서는 안 된다는 의견도 있다. 하지만 시대가 변화했고, 세계 각국의 많은 다양한 예술을 손쉽게 접할 수 있는 지금, 대중의 눈과 귀는 그 어떤 평가자보다 정확할 수 있다. 다수가 보고 느끼기에 비슷하다면 이는 '무지한' 대중의 판단이 아닌, 오히려 예술가가 스스로를 되돌아봐야 할 문제가 되는 것이다.

이번 논란을 계기로 레퍼런스(참조) 삼아 곡을 제작하면서 출처를 밝히지 않는 등 정도가 심해지는 음악계 관행을 고쳐야 한다는 지적이 잇따른다. 또 문제가 발생하면 당사자 간 협의로 사건을 묻어버리는 경우도 적지 않다. 따라서 이 같은 상황에 대한 대중문화 전체의 각성과 더불어 구체적인 가이드라인이나 법률 제정이 필요하다. 누구든 그럴 수도 있다는 안일한 판단과 대처 대신, 구체적인 기준을 통해 창작자의 예술이 가치 있고 보호받아 마땅한 자산임을 인식해야 할 것이다. 이와 같은 노력을 통해 무형의 자산이 충분히 보호받고, 또 보호되어야 한다는 인식이 당연해지는 시대가 도래해야 한다.

6.
BTS 그리고 e-스포츠 선수들의 병역특례 논란

병역 문제는 우리나라 젊은 남성들의 영원한 애증이다. 가장 신체 건강하고 꿈 많을 나이에 우리나라 젊은이들은 병역의 임무를 이행해야 한다. 대부분의 남성들이 원치 않지만 휴전 국가라는 역사의 무게 아래 병역의 의무를 이행하고 있다. 하지만 군대에 자발적으로 가고 싶은 남성은 그리 많지 않을 것이다. (물론 해병대나 UDT에 자원하는 젊은 이들도 있다) 국가의 부름이니 당연히 가야 한다고 생각했던 과거의 남성들과는 달리, 자신의 생각과 행동에 대한 자유, 공정에 대한 의견이 많아진 요즘 젊은 청년들에게 군대는 가능하다면 빠지고 싶은 삶의 무게다. 그래서인지 군대와 관련된 사회적 이슈에 남성들은 할 말이 많다. 그 어떤 사회적 이슈보다 격론이 이루어진다. 유승준 사건에 대한 대중문화적 관심이 아직도 격한 것을 보면 남성들에게 군대의 의미는 그야말로 애증 그 이상일 것이다.

아시안게임이 열릴 때마다, 군 면제 논란은 끊이지 않는다. 이번

한국 e-스포츠 리그 LoL 대표팀, 2022 항저우 아시안게임에서 금메달 획득 (출처: 연합뉴스)

아시안게임에는 특히 e-스포츠 선수들이 금메달을 따 병역이 모두 면제되면서 '아시안게임 금메달 군 면제' 이슈는 더욱 큰 논쟁의 씨앗이 되었다. 해당 논란이 일자 이미 병역의 임무를 시작한 BTS까지 재소환되며, 예술 체육인의 병역 특례에 대한 갑론을박이 격하게 이루어지고 있다. 현재 논란이 되는 부분은 크게 두 가지다. 아시안게임 금메달리스트에게 주어지는 병역 혜택이 시대적 흐름에 맞느냐는 논의, 그리고 e-스포츠도 스포츠냐, 병역 특례를 받는 것은 과하다는 주장이다.

두 가지 논란의 공통적 화두는 '국위 선양'의 의미와 범위에 대한 부분이다. 예술 체육인에 대한 병역 특례 제도가 여타 군 면제와는 달리 논란이 많은 이유는 '국위 선양'이라는 모호한 조항 때문이다.

1973년 예술 · 체육계 종사자들에게 '한국을 국제사회에 알리는 국위 선양'의 동기와 자긍심 부여 차원에서 특례 혜택이 주어지기 시작했다. 이에 따라 국제대회 등 입상의 기준을 나름 명확히 하고는 있지만, '국위 선양'이라는 의미 자체의 모호성이 현재 논란을 일으키고 있다. 한국이라는 나라를 세계에 각인시킬 수 있는 다양한 예술, 체육 행위가 국위 선양을 통해 수렴되는 것이라면 대중문화가 행하고 있는 국제사회에서의 활동은 왜 국위 선양에 도움이 되지 않는지 근본적인 의문이 제기되는 것이다. 1973년도 기준에서 제정한 '국위 선양'의 의미를 이제는 시대에 맞게 바꿔야 한다는 주장이 나오는 것도 이 '모호성'에서 기인한다.

고전 예술은 괜찮지만 대중 예술은 안 돼?

스포츠뿐만 아니라 클래식 등 순수 예술의 경우, 병역 특례 기준에 부합하는 (입상) 결과가 있을 경우, 병역 특례 혜택을 받는다. 예술은 클래식, 무용, 국악 등 순수 예술 분야로 한정된다. 인정 가능한 대회 목록도 상세히 살펴보면 42개 분야가 있는데, 그중에는 국악 등 국제 대회가 없는 분야는 국내 대회도 인정한다. 대회의 입상은 국위 선양과 직결된다는 판단이 병역 특례를 가능케 했다. 당연히 대중 예술은 어느 조항에도 포함되지 않는다. 대중 예술에 대한, 세계에서 인정하는 다양한 시상식이 있지만 그 어느 것도 인정 가능 목록에 포함되지 않는다.

대중 예술은 이미 문화 예술의 중심에 서 있다. 현재 우리나라를 이끌어가는 중요한 성장동력 중 하나다. 우리나라를 소개할 때 큰 비중을 차지하는 것도 이 대중 예술이다. 하지만 대중 예술은 늘 저평가되며, 예술 우열화의 중심에 서 있다. 대중 예술은 고급 예술로 여기는 순수 예술에 비해 저급하거나 가치가 없는 것으로 평가하는 예술 정체성에 대한 부정적 인식이 깊이 깔려있다. 특히 BTS의 예술 체육인 병역 특례를 반대하는 이들은 그들의 활동이 개인의 영리를 위한 돈벌이 수단이지, 국가적 의미나 국위 선양을 위한 행보는 아니라고 말한다.

하지만 순수 예술자들의 목표는 국위 선양이고, 대중 예술의 목적은 돈벌이라는 판단 기준은 앞뒤가 맞지 않다. 이미 수많은 국가 행사에 최우선 순위로 동원되거나 동원되길 바라는 게 BTS라는 점(일례로 UN 연설에 BTS가 동원된 것을 보면 의아하면서도 우리나라의 얼굴인가 하는 생각도 든다)을 생각한다면, 국위 선양의 기준을 어디까지 인정해야 하는지 의문이 든다. 따라서 대중 예술 역시 병역 특례 인정항목으로 고려함과 동시에, 국제 시상식의 종류와 위상, 일정 수준 이상의 수상 결과 등 명확한 기준을 마련하여 대중 예술인들의 예술 활동에도 분명한 의미 부여가 필요해 보인다.

이는 e-스포츠 논란과도 일맥상통한다. e-스포츠가 무슨 스포츠냐, 병역 특례는 말이 안 된다는 식의 논리는 억지스럽다. 만약 문제를 제기한다면 아시안게임 종목에 채택된 '경위'에 문제를 제기할 일이지, e-스포츠의 존재 자체를 부정하는 것은 주제에서 완전히 벗어난 비난이다. 상술한 논란을 종합해볼 때, 현재적 의미의 국위 선양의 기준과 새 시대에 맞는 예술과 체육의 의미와 역할, 이에 대한 개념의 재정립이 필요해 보인다. 이러한 근본적인 합의 없이 누더기식 병역법 개정은 오히려 사회적 논란만 가중할 뿐이다.

모병 인구는 감소했고, 나라의 위상도 1973년과는 많이 달라졌다. 또한 문화와 예술, 특히 대중 예술의 위상이 과거와 현재의 극명한 온도 차를 보이는 만큼, 이에 대한 새로운 기준 마련이 시급해 보인다. 예술과 체육이 사회 전체에 미치는 영향은 매우 크다. '병역 면제'에만 무게 중심을 실을 것이 아니라, 이들의 역할에 대한 인정도 필요한 시점이다.

4장

예능판의 주체가 바뀌다 (feat. OTT)

OTT 플랫폼은 현재 한국의 콘텐츠 시장을 장악하고 있다. 생산자와 소비자의 경계가 모호해진 콘텐츠 시장에서 매체의 중심축이 OTT로 옮겨진 것이다. 이 때문에 방송국이 콘텐츠 시장을 주도하던 시대는 이제 끝났다는 자조 섞인 우려까지 쏟아지고 있다. 넷플릭스의 CEO는 한 인터뷰에서 "넷플릭스의 경쟁 상대는 수면시간이다"라고 했다. 넷플릭스가 이미 콘텐츠 시장의 최강자임을 천명하는 것처럼 느껴진다. 콘텐츠 홍수의 시대, 자유로운 시청의 시대가 콘텐츠 시장의 판도를 완전히 뒤바꾸고 있다. 우리나라 콘텐츠의 핵심, 예능판도 예외는 아니다. 이제는 즉시 즉각적인 재미와 경계 없는 웃음을 주는 OTT 예능이 시장을 주도하고 있다. 예능판의 주체가 바뀌자 예능의 소재나 주제도 매우 다양해졌다. 경계 없는 예능에 콘텐츠 애호가들은 즐거운 비명을 지르고 있다. 하지만 문제는 없을까? 예능판을 휩쓴 OTT 매체들, 그 특징과 문제점을 알아본다.

1.
OTT가 심폐 소생시킨 부캐 열풍, 다나카 전성시대

2020년 한국 예능은 부캐 열풍으로 뜨거웠다. 유재석의 유산슬, 유두래곤을 필두로 수많은 스타가 자신의 부캐로 활동을 시작했다. 특히 개그맨들의 부캐+가수 콘셉트는 하나의 공식처럼 세워져, 수많은 개그맨들이 부캐를 만들어 트로트 등 다양한 장르의 음악에 도전했다. 개그맨이 주 무대를 TV 방송에서 OTT로 옮겨가면서 유튜브 채널은 다양한 콘텐츠 실험의 장이 되었고, 자연스레 부캐 시장의 파이도 늘어갔다. 하지만 부캐의 태생적 한계로 인해 시간이 지남에 따라 식상해졌고, '부캐+트로트 붐'이 불면서 너도나도 부캐로 활동하며 시청자들의 피로감이 높아졌다. 예상대로 부캐 시장은 빠른 속도로 하향 곡선을 그렸고, 수많은 부캐들이 조용히 사라졌다.

하지만 최근 강력한 부캐를 무기로 한 개그 채널이 유튜브의 흐름을 바꾸어놓았다. 특히 유튜브의 수많은 개그 채널들이 자신들의 모체는 결국 부캐에 있음을 다양한 방식으로 증명하고 있다. 그중에

다나카 1st 내한 콘서트 메인 포스터 (출처: 네이버 공연)

서도 최근 OTT 시장, 유튜브뿐만 아니라 대중문화를 가히 '점령'하다시피 한 부캐가 등장했다. 바로 '다나카 유키오'다. 다나카는 현재 전천후의 독보적인 예능 캐릭터로 대중문화계의 돌풍을 일으키고 있다. 사실 다나카는 지금으로부터 6년 전 처음 탄생한 캐릭터인데, 2022년 하반기부터 큰 사랑을 받기 시작하면서 현재는 독보적인 예능 부캐로 성장했다.

다나카는 일본의 유흥업계 종사자로 2000년대 유행한 샤기컷에 촌스러운 명품 티셔츠를 입고 일본 억양의 어설픈 한국말을 한다. 세계관이 비교적 확실하여 그 어떤 방해 공작에도 흔들리지 않는 캐릭터다. 우직하고 소신 있게 밀고 나간 캐릭터는 지금 유튜브의 거의 모든 채널을 섭렵하고 있다고 해도 과언이 아니다. 사실 얼마 전까지만 해도 국내의 반일 열풍과 더불어 '호스트'라는 다소 난해한 콘셉트 때문에 캐릭터의 반응은 미지근했다. 심지어 TV에서는 완전히 걸러진 아이템이었지만, 유튜브의 자유로운 표현 수위, 반일 부추기기 등이 사라지면서 오직 재미만을 위한 콘텐츠로 큰 사랑을 받게 되었다. 다나카는 '이순신 장군'을 가장 무서워하는데, 이러한 재기 넘치는 개그 콘셉트는 누그러진 반일 감정과 함께 큰 웃음을 선사한다.

사실 전성시대를 맞이한 부캐에서 가장 중요한 것은 이른바 '세계관'의 사수다. 얼마 전 유튜브의 모비스라이브 채널의 '차차 나아지겠지'라는 콘텐츠에서 MC 박명수는 다나카를 불러 '신입 호스트 교육' 영상을 촬영했다. 하지만 이 영상에서 박명수는 구독자들의 뭇매(?)를 맞아야 했다. 다나카의 세계관을 해쳤다는 이유에서였다. 이제는 마치 모든 시청자들이 다나카의 세계관이 깨질까 노심초사하는 분위기다. 세계관을 사수하고 동조하는 것은 부캐 자신과 시청자 모두의 재미와 비즈니스를 위한 약속처럼 보인다.

이처럼 완벽한 세계관의 구축은 부캐를 성공시키고 지속시키는 원동력이 된다. 오죽하면 시사 프로그램 〈김현정의 뉴스쇼〉에는 다나카 본인이 아닌 기획자 김경욱이 출연하고, 다나카와는 그저 전화 연결만 했겠는가. 시사쇼의 무게감은 가져가면서도 재미는 잃지 않은 영리한 선택을 했다. 더욱 재밌는 것은 MC 김현정도 이 세계관을 무너뜨리지 않기 위해 그 어느 때보다 신중한 태도로 김경욱을 인터뷰

했다는 점이다. 우리 모두 잘 알고 있지만 보호해주고 싶고 보호해주어야만 할 것 같은 세계관, 부캐 다나카의 인기 비결이라 할 수 있다.

금기의 소재, 비호감으로 환영받지 못했던 소재가 이토록 사랑받는 이유도 어쩌면 OTT, 유튜브 채널이 가진 가장 강력한 무기 때문이 아닐까? 심의와 틀에 얽매인 규칙보다는 오직 재미만을 위한 원초적 선택이 최상의 결과를 가져올 수 있는 것이다. 물론 과제도 많다. 여느 부캐처럼 식상함과의 싸움에서 얼마나 그리고 어떻게 싸워나갈 수 있을지 지켜봐야 할 것이다. 이와 함께 KBS 〈개그콘서트〉도 다시금 시청자들을 찾고 있다. 〈개그콘서트〉는 과연 현재의 개그 부흥에 발맞출 수 있을까?

2.

다시 뜨는 여행 콘텐츠, 그 주체가 바뀌다. 〈지구마불 세계여행〉

여행 콘텐츠는 지난 몇 년간 가장 제작이 용이한 콘텐츠로 각광받았다. 제작이 용이하다는 것은 시청률과 인기, 화제성, 콘셉트 등이 보장된다는 것을 의미한다. 그래서인지 방송사들은 연예인들과의 여행 프로그램을 위한 해외 촬영이 잦았고, 시청자들은 다양한 채널에서 여행 콘텐츠를 쉽게 접할 수 있었다. 하지만 코로나19라는 시대적 악재로 방송사들의 여행 콘텐츠는 자취를 감추었다. 다큐멘터리 형식으로 수십 년간 일요일 아침을 책임졌던 KBS의 〈걸어서 세계 속으로〉까지 재방송으로 방영될 정도였으니, 여행 콘텐츠 가뭄은 심각한 상태였다.

코로나 시대가 종식되면서, 여행 콘텐츠의 수요와 공급이 급속도로 증가했다. 또한 코로나 시대를 겪으면서 여행 콘텐츠의 추세는 예전과는 완전히 달라졌다. OTT 여행 콘텐츠의 시대가 도래한 것이다. 연예인들의 해외여행 콘텐츠가 주를 이루던 방송용 콘텐츠들의 자리를 비연예인 또는 '연반인'(연예인+일반인) 여행가들의 자유, 무계획, 도전의 여행 콘텐츠로 채워가고 있다. 특히 유튜브를 중심으로 100만 구독자가 넘는 여행 유튜버들이 큰 인기를 끌고 있는데, 그중에서도 빠니보틀, 곽튜브, 원지 등 여행 전문 유튜버들이 여행 콘텐츠계를 장악하고 있다. 여행 콘텐츠를 즐겨 보는 시청자들은 더 이상 정제되고 짜인 여행 소개 영상을 원하지 않는다. 리얼, 짠내, 사람 냄새, 생생한 여행 정보가 시청자들의 니즈가 되었다.

그래서인지 방송용 콘텐츠도 유튜브의 형식을 빌려오는 경우가 많다. 이제는 방송과 OTT의 주객이 전도된 모양새다. 여행의 형식

〈지구마불 세계여행〉 메인 포스터 (출처: ENA)

도 유튜브를 따르고, 출연자들도 연반인 중심이며, 정제되지 않은 리얼함의 콘셉트를 지향한다. 최근 ENA 채널에서 방송 중인 〈지구마불 세계여행〉의 경우, MBC 〈무한도전〉의 김태호 PD 작품답게, 리얼, 좌충우돌, 충동, 무계획 여행의 진수를 보여주고 있다. '지구마불'은 모두에게 익숙한 보드게임 '부루마블'의 영감을 받은 것으로, 주사위를 던져 무작위로 선택된 나라를 여행하는 것을 주요 콘셉트로 잡았다. 방송에서 감히 시도할 수 없는 여행 콘셉트를 선보인 것이다. 여행 동선과 이동 시간은 제작비와 비례하기 때문에 쉽게 시도하기 힘든 콘셉트인데, 이 도전은 성공적으로 마무리되어 시청자들의 평가를 받고 있다. 중간중간 제작진의 미션 등 개입이 있지만, 큰 틀에서는 출연자들인 유튜버 빠니보틀, 곽튜브, 원지의 자유 여행이 주를 이룬다.

빠니보틀은 자유 여행의 전문가이자 조회수 높이기의 달인답게 스스로 다양한 콘셉트를 만들어 여행을 했는데, 싱가포르에서는 '만 원으로 하루 버티기', '무인도에서 살아남기' 등 고난을 자처하며 시청자들의 호기심을 자극할 만한 영상을 보여주었다. 곽튜브의 경우, 특유의 입담과 먹성으로 리얼 여행의 진수를 보여주고 있는데, 아프리카에서 핀란드를 오가는 예측 불가의 여행 동선을 보여주며, '지구마불'의 콘셉트를 한껏 살리고 있다. 원지는 특유의 친화력으로 현지인과 융화되며 다양한 장면을 연출했는데, 특히 고난의 행군이라 해도 이상하지 않을 40여 시간의 이동 거리를 보여주며 '유튜브 스타일'을 만들어냈다.

그들의 영상은 방송과 유튜브 두 가지 채널에서 시간 차 송출되고(유튜브 선 공개), 유튜브의 조회수와 좋아요 수에 따라 1등을 뽑아 우주

여행을 보내주는 특전이 제공된다. 그렇다면 프로그램의 성적은 어떨까? ENA에서 방영 중인 방송 자체의 시청률은 매우 저조하다. 또 유튜브의 조회수도 그들 개인 채널의 조회수에 비해 저조한 편이다. 그럼에도 〈지구마불 세계여행〉은 그 자체로 의미를 가진다. 달라진 여행 콘텐츠의 패턴과 시청자들의 니즈를 파악하여 방송과 유튜브를 동시에 겨냥하고 있으며, 이것이 여행 콘텐츠의 새로운 챕터를 만들어 나갈 것이라는 기대감이 생기기 때문이다. 그러한 의미에서 김태호 PD의 도전은 유의미했다. 또한 〈지구마불 세계여행 2〉로 다시 시청자들을 만나고 있으니, 이번 여행 콘텐츠의 성패는 조금 더 지켜봐야 할 것 같다.

3.
태어난 김에 세계여행 하며 나 혼자 잘 사는 기안84

예능인으로서 기안84의 첫 행보는 그야말로 센세이션 그 자체였다. 기안84는 2016년 2월, MBC 예능 프로그램 〈나 혼자 산다〉 무지개 라이브의 초대 손님으로 처음 등장해 한국 예능판을 뒤흔들어 놓았다. 당시 네이버 사옥에 기거하는 기안84의 모습은 많은 이들에게 큰 충격을 안겨주었다. 그의 모습은 8년 전 그때나 지금이나 큰 변함이 없다. 이제는 조금 세련된 예능인으로 성장한 것을 빼면 말이다. 기안84는 특유의 괴짜 같은 모습과 세상만사를 달관한 듯한 기인의 모습으로 시청자들의 눈길을 사로잡는다. 2016년 6월부터 〈나 혼자 산다〉의 고정 멤버로 활동 중인 그는 현재 명실상부 가장 사랑받는 예능인 중 한 명이다. 어느덧 비주류 예능인의 긴 터널을 지나, 비연예인 예능인 생활 8년 만에 MBC 방송연예대상의 대상까지 수상하게 되었으니, 그의 인생은 그의 웹툰 작품들처럼 환골탈태의 과정들 같다.

기안84가 MBC 연예대상을 수상할 수 있게 한 가장 강력한 예능

〈태어난 김에 세계일주 3〉 메인 포스터 (출처: MBC)

은 8년을 함께한 〈나 혼자 산다〉가 아닌, 신생 예능 〈태어난 김에 세계일주〉(이하 '태계일주')다. 기안84는 해당 프로그램의 타이틀 롤을 맡고 있고 프로그램은 시청률 6%를 유지하며 큰 사랑을 받았다. 기안84의 기인 행보가 크게 사랑받은 이유도 태어난 김에 사는 사람처럼 세상만사에 크게 개의치 않는 모습 때문이었고, 이런 그의 모습에서 비롯된 〈태계일주〉는 인간 기안84를 생생히 담기에 충분했다.

〈태계일주〉는 시즌3까지 방영했다. 약 2년의 시간 동안 세계여행의 난코스 끝판왕으로 손꼽히는 남미, 인도, 아프리카 등의 여행지를 여행했다. 팬데믹 이후 세계여행 예능이 쏟아지고 있지만, 〈태계일주〉가 특히 사랑받는 이유는 단연 기안84의 존재감에 있다. 그 어떤 허례허식, 상세한 계획, 장비나 짐도 없이 배낭과 몸만으로 움직이는 그의 모습에 사람들은 열광한다. "어떻게 저럴 수 있지?" 할 만한 행동들도 기안84가 하면 납득이 되는 것을 보면, 그야말로 그가 8년간 쌓은 이미지가 제대로 먹히는 느낌이다. 시즌2부터 함께한 덱스의 존재감도 프로그램을 더욱 풍성하게 만든다. 강한 남자이지만 조금은 예민하고 까탈스러운 덱스와의 부조화 속의 조화가 기안84의 날것 그대로의 모습을 더욱 부각시킨다. 또한 유튜버 빠니보틀의 여행 고수의 면모도 주요 볼거리다. 낯선 여행지에서의 생존 방법을 그 누구보다 잘 아는 빠니보틀을 통해 난코스 여행의 중심이 잘 잡히는 느낌이다.

무엇보다 〈태계일주〉의 가장 중요한 관전 포인트 중 하나는 출연자들이 현지인들과 쌓는 우정에 있다. 〈태계일주〉가 시즌제 예능으로 발돋움할 수 있게 된 것도 시즌1 남미 여행에서 만난 포르피 부자 덕이라 해도 과언은 아니다. 기안84는 특유의 인간애로 현지인과 깊은 교류를 보여주고 있는데, 포르피 부자와의 감동적인 하룻밤은 쇼츠 영상으로도 무한 공유되며 〈태계일주〉의 인기를 견인했다.

〈태계일주〉에서 만난 포르피 부자가 MBC 에브리원의 예능 〈어서 와! 한국은 처음이지?〉 프로그램을 통해 한국을 방문하고, 기안84가 그들 부자를 만나 두 프로그램의 세계관 통합을 이루어내며 큰 화제성을 이끈 바 있다. 이렇듯 〈태계일주〉는 어드벤처, 인간미, 대자연의 볼거리 등 수많은 명장면을 만들어내며, 명실상부 2023년을 대표하는 여행 예능으로 성장했다. 그 중심에는 기안84가 있고, 이것이 비연예인 예능인의 대상 수상을 견인한 것이 아닐까?

분명 기안84는 그의 본업과 자신이 좋아하는 일에 그 누구보다 치열하고 끈기 있게 결과물을 만들어내는 사람이다. 다만 일상생활에서의 자유분방함이 기안84를 태어난 김에 사는 사람으로 만들어 버렸다. 하지만 그 별명이 그가 가진 특유의 따듯한 마음과 진정성이 한데 뭉치면서 예능인 기안84와 인간 기안84의 성장을 가지고 왔다. 2023년 그의 행보는 거침이 없었다. 〈나 혼자 산다〉에서 42.195km의 마라톤 완주를 해내는 그의 모습이 이를 증명한다. 2024년에도 태어난 김에 세계일주 하며 나 혼자 잘 살 기안84의 삶을 응원해본다.

4.
넷플릭스 시리즈의 명과 암

새로운 예능 프로그램 시험의 장으로 평가받던 명절 연휴 특집 예능, 이제는 이러한 실험도 역사의 뒤안길로 접어드는 모양새다. 새로운 예능 론칭에 대한 뉴스는 이제 찾아보기 힘들어졌고, 명절 특집 예능에 대한 대대적 홍보도 없다. 반면 추석 및 설 연휴를 겨냥한 새 넷플릭스 시리즈 소개나 해당 작품들에 대한 대중 평가 및 월드 레코드 소식이 이를 대체하고 있다. 명실상부 대중문화는 넷플릭스 시리즈와 아닌 것으로 나뉘는 시대가 된 것 같아 만감이 교차한다.

2022년 9월 미국 LA시는 〈오징어 게임〉의 날을 제정하고, 매년 9월 17일을 기념하겠다고 밝혔다. 〈오징어 게임〉이 다양한 의미에서 세계 대중문화계에 얼마나 많은 영향을 미쳤는지 증명하는 것 같다. 작년 추석을 겨냥하여 선보였던 〈오징어 게임〉이 이 정도의 파급력을 가져올 것이라고 당시로서는 아무도 예상하지 못했다. 황동혁 감독은 자본과 심의로부터 완전히 자유롭게 작품 활동을 할 수 있는 것을 목표로 작품을 만들었다. 그런데 이 목표를 넘어 이제는 미국의 가장 저명한 드라마 시리즈 시상식 에미상(Emmy Awards)의 비영어권 드라마 감독상과 남우주연상까지 수상했으니, 말로 표현하기조차 쉽지 않은 엄청난 쾌거를 이룬 것이다.

반면 한국 대중문화계를 뜨겁게 뒤흔든 작품 〈이상한 변호사 우영우〉(이하 '우영우')는 〈오징어 게임〉과는 조금 다른 행보를 보였다. 〈우영우〉도 일찍이 넷플릭스의 투자를 받을 수 있었지만, 제작사는 넷플릭스에 〈우영우〉의 해외 방영권만 판매했다. IP(Intellectual Property: 지적재산권)를 넷플릭스에 넘겨버릴 수 없다고 판단한 것이다. 〈우영우〉 제작사 에이스토리의 판단은 정확했다. 〈우영우〉는 국내에서 큰 인기를 끌었고, 넷플릭스를 통해 세계 10위권의 방영 성적도 거두어들였다. 그뿐만 아니라 〈우영우〉는 국내 인기에 힘입어 시즌2를 논의할 수 있게 되었고, 해외에 리메이크 판권 판매를 논의하고, 뮤지컬, 웹툰, 굿즈까지 다양한 IP 사업을 진행하게 되었다. 〈오징어 게임〉은 드라마 속 게임, 팝업 스토어 및 굿즈까지 모두 넷플릭스에 귀속되어 있어 완전히 다른 결과가 도출된 것이다.

IP를 가져야 성공한 사업, IP를 잃었으면 실패한 사업인가?

〈우영우〉는 내수 시장과 해외 시장의 성공과 더불어 IP까지 확보한 그야말로 '킬러 콘텐츠'가 되었다. 제작사는 외주 제작, 즉 콘텐츠

하청업체로 전락하지 않기 위해 콘텐츠의 IP를 팔아넘기지 않는 것을 〈우영우〉 제작과 방영의 가장 큰 목표로 삼았다. 이 때문에 ENA라는 다소 생소한 채널에서 방송을 하게 되었고, 넷플릭스를 통해 해외 시장에도 작품을 선보일 수 있었다. 이는 〈우영우〉 제작사의 비즈니스 모델이자 미래를 위한 투자였던 것이다. 일각에서는 〈우영우〉의 성공 모델과 비교하여 〈오징어 게임〉을 비롯한 여타 넷플릭스 시리즈의 IP 부재가 마치 실패한 사업 모델인 것처럼 우려를 쏟아낸다.

하지만 〈오징어 게임〉이 IP를 가지지 못했다고 해서 과연 한국 콘텐츠 시장의 아픈 손가락이 되었다고 평가할 수 있을까? 이는 〈우영우〉와는 또 다른 문제다. 〈오징어 게임〉은 넷플릭스가 내놓은 역사상 가장 인기 있는 드라마 시리즈가 되었고, 이 때문에 수많은 시상식에서 여느 다른 미국 작품들과 어깨를 나란히 하여 작품을 평가받을 수 있게 되었다. 그 결과 미국의 수많은 저명한 시상식에 이름을 올렸을 뿐만 아니라 종국에는 가장 권위 있는 드라마 시상식 에미상까지 거머쥘 수 있었다.

작품의 내용은 충분히 한국적 소재를 활용했고, 디테일한 한국 문화를 세계에 알리는 창구 역할을 했고, 〈오징어 게임〉은 한국 문화라는 당연한 공식도 세워졌다. 〈우영우〉가 아무리 인기가 있어도 내수 시장의 이미지를 벗을 수 없는 이유도 이러한 차이에서 여실히 드러난다. 넷플릭스 시리즈에는 그만의 색깔이 분명히 존재하는 것이다. 넷플릭스 시리즈에는 확실히 아쉬운 암(暗)이 존재하지만, 그에 못지않은 확실한 한 방이 있는 것도 이를 포기할 수 없는 충분한 이유가 된다.

2022년 9월 추석 연휴를 겨냥하여 전 세계에 방영된 〈수리남〉은 하정우-황정민 투 톱의 조합과 연기가 기시감이 든다는 국내 평가가 지배적이었다. 하지만 〈수리남〉은 넷플릭스 시리즈다. 해외 시청자들에게 하정우-황정민의 연기는 그 어떤 할리우드 배우보다 신선함을 안겨줄 수 있고, 그들의 연기력은 흠잡을 데가 없는 것이 사실이다. 이는 당연히 해외에서도 증명되었다. 〈수리남〉은 넷플릭스 TV쇼 부분에 자체 최고 성적 세계 3위를 차지하기도 했고, 이를 통해 또 한번 우리 콘텐츠의 저력을 보여주었다. 물론 한국이 만드는 넷플릭스 시리즈의 기준이 〈오징어 게임〉이 될 수 있다는 우려가 끊이지 않고, 실제로 작품의 성공 기준을 〈오징어 게임〉으로 두는 과오를 범하기도 한다. 하지만 무엇보다 중요한 것은 넷플릭스라는 새로운 플랫폼으로 지금까지 겪지 못한 새로운 형태의 도전이 가능하다는 것이고, 이 정도의 파급력이라면 넷플릭스가 가진 명과 암을 어느 정도는 감수해야 하는 것이 아닐까?

5.

댄스 IP의 확장과 〈스우파〉 우려먹기의 교묘한 줄다리기

〈스트릿 우먼 파이터〉(이하 '스우파')를 빼고는 2021년 대중문화를 논할 수 없다. 2021년은 〈스우파〉의 해라고 해도 과언이 아닐 만큼 여성 댄서들이 한국 대중문화를 장악했다. 댄서를 가수들의 백업 댄서 정도로 인식하고 있던 일반 대중에게 '댄서'라는 직업군을 각인시켜주었고, 그야말로 댄서의 위상을 높여준 프로그램이라 평가할 수 있다.

〈스우파〉는 침체되어 있던 Mnet과 오디션 프로그램의 명성을 되살린 효자 프로그램이 되었다. 특히 "Hey Mama" 댄스는 '국민춤'이라는 수식어가 붙을 정도로 대한민국을 크게 뒤흔들었는데, 춤에 '국민'이라는 수식어가 붙을 정도면 그 파급력을 상상할 수 있을 것이다.

〈스우파〉는 여성 스트릿 댄스크루 여덟 팀이 대한민국 최고로 뽑히기 위해 서바이벌 경연을 펼치는 리얼리티 쇼로 평균 시청률 3.6%에 순간 최고 시청률 4.2%, 20~49세 남녀 타깃 시청률에서는 지상파 포함 전 채널 동 시간대 1위를 기록하며(유료 플랫폼, 수도권 기준, 닐슨코리아 제공) 뜨거운 열풍을 몰고 왔다. 허니제이, 아이키, 노제, 리정 등 스타를 탄생시켰고, 대한민국을 댄스 열풍으로 이끌었다.

댄스 IP, 콘텐츠 확장성의 의미로 긍정적

IP의 확보는 콘텐츠 업계의 중요한 이슈다. 될 만한 콘텐츠를 선정하고, 그 세계관을 확장시켜 다양한 매체에서 전방위적으로 활용하는 것은 쉽지 않은 일이다. K-콘텐츠의 세계화 속도가 더욱 빨라지면서 콘텐츠 제작자들의 고민은 더욱 깊어지고 있다. 그러한 과정 중에 탄생한 댄스 IP는 제작자는 물론 시청자들에게도 큰 반향을 일으켰다. 댄스 IP를 통해 전문 댄서는 물론 일반인들의 춤까지 두루 조명할 수 있게 되면서 K-POP을 넘어 K-댄스로도 승부수를 띄우겠다는 야심찬 계획이다.

〈스우파〉의 성공은 수많은 파생상품을 만들어냈다. 특히 〈스우파〉를 중심으로 다양한 프로그램들이 가지치기했다. 이른바 스핀오프다. 댄스와 경연 두 가지 키워드가 중심이 되어 다양한 형태의 프로그램이 만들어졌다. Mnet의 〈Be Mbitious〉, 〈뚝딱이의 역습〉, 그리고 〈스트릿 맨 파이터〉까지 다양한 댄스 프로그램이 시청자들을 찾았다.

〈스우파〉의 인기를 그대로 가져간 프로그램도 잇따라 인기를 끌면서 〈스우파〉 종영에 아쉬워하는 대중을 사로잡았다. 〈해치지않아

×스트릿우먼파이터〉, 〈스트릿댄스 걸스 파이터〉(이하 '스걸파')까지 높은 화제성을 불러일으켰다. 특히 〈스우파〉 '리더즈'가 댄스 선생님이 되고, 청소년 댄서들을 키워내는 프로그램인 〈스걸파〉는 10대들의 댄스 문화와 댄스 신의 미래를 예측할 수 있었던 프로그램으로 큰 사랑을 받았다. Mnet은 앞으로도 '댄스'라는 IP의 확장에 초점을 두고 콘텐츠를 제작할 예정이다. 가수, K-POP의 부수적 요소 정도로 활용되던 댄스를 메인으로 가져왔고, 댄스 콘텐츠의 가능성을 확인하면서 Mnet의 정체성을 살렸다. 또 댄스를 통해 다양한 시도를 할 수 있었기에 댄스 IP의 확장은 여러 가지 의미로 긍정적이다.

〈스우파〉 피로도, IP의 확장? 우리나라 예능의 고질적 한계

〈스우파〉 출연진 중 일부는 '스우파 리더즈'라는 애칭과 함께 수많은 예능 프로그램과 광고 등에 섭외 1순위가 되며 인기가 급상승했다. 특히 부차적 요소였던 댄스가 콘텐츠의 중심이 되면서 오히려 콘텐츠의 확장성이 더욱 커졌다. 광고의 경우, 댄스라는 퍼포먼스를 통해 부각시켜 상품의 홍보효과를 극대화시킬 수 있고, 〈스우파〉의 대중적 인기에 힘입어 댄스 퍼포먼스만을 활용한 콘서트를 개최하는 등 전에 없던 댄스 신의 성장을 확인할 수 있었다.

하지만 자연스럽게 〈스우파〉 우려먹기는 가속화되었다. 특히 〈스우파〉 리더즈의 예능 점령은 이른바 '스우파 수도꼭지'가 될 정도

CGV 청담씨네시티에서 열린 Mnet 〈스우파 2〉 종영 기자간담회 (출처: Mnet)

로, 채널마다 〈스우파〉 멤버들로 채워졌다. 그들을 활용하는 방법도 매우 유사한데, 이미 어디서 본 듯한 포맷의 댄스와 배틀이 이어져 시청자들을 기시감에 빠지게 했다. 그들의 활약이 길어지자 시청자 피로도가 상승한 것은 당연하다.

그뿐만 아니라 〈스우파〉의 대대적인 성공 이후, 수많은 예능 프로그램들이 댄스 소재의 프로그램을 우후죽순 만들어냈다. 댄스 IP의 확장이라는 개념보다는 같은 소재, 다른 멤버 혹은 같은 멤버, 다른 소재가 반복적으로 다루어졌다. 이에 시청자들의 피로도를 증명이라도 하듯, 비슷한 포맷으로 만들어진 댄스 예능 프로그램들은 줄줄이 낮은 시청률로 고전을 면치 못하고 있는데, 〈플라이 투 더 댄스〉, 〈뚝딱이의 역습〉 등은 별다른 흥행이나 화제성을 모으지 못했다.

이는 한국 예능 소재의 고질적 병폐가 아닐 수 없다. 돈이 되는 소재가 발견되면 창의성은 없이 모든 방송사에서 그와 유사한 포맷을 만들어내는 데 급급하다. 댄스 IP도 마찬가지다. 댄스 소재의 무한 확장도 좋지만 매력적인 캐릭터를 만들어내고, 소재가 중복되어 시청자들로 하여금 지겨움을 느끼지 않도록 하는 것이 중요하다. 〈스우파〉가 성공할 수 있었던 이유도 댄스라는 소재의 적확한 활용도 있었지만, 여성들의 땀과 우정이라는 스토리텔링이 댄스와 잘 어우러져 볼거리가 풍부한 리얼리티 쇼를 만들어냈기 때문이다. 따라서 신선함과 익숙함의 교묘한 줄다리기를 어떻게 해내느냐, 이것은 댄스 콘텐츠 제작자들의 IP 확장을 위한 앞으로의 숙제가 될 것이다. 단순한 댄스 소재의 활용으로 끝날 것이 아니라, 지속 가능한 댄스 IP의 발굴을 위해 노력이 필요한 때다.

6.
〈스맨파〉의 인기와 과몰입한 팬덤, 논란의 중심은 무엇인가?

댄스 IP의 성장이 눈부시다. 아이돌 및 대중음악 산업의 조연으로 여겨지던 댄서들이 주연으로 등극하고, 그들의 이야기가 다양한 방식으로 소비되고 있다. 작년 한 해는 〈스우파〉, 여성들의 전쟁과 우정이었다면, 올해는 〈스맨파〉(스트릿 맨 파이터), 남성들의 이야기다. 지난해 이미 〈스우파〉의 인기로 일찍이 제작이 확정되었던 〈스맨파〉와 그로 인해 이미 예견되었던 남성 댄서들의 인기지만, 〈스맨파〉의 인기가 그 어느 때보다 거세다.

〈스맨파〉의 구성은 기본적으로 〈스우파〉와 동일하다. 한국을 대표하는 여덟 팀의 댄스크루들이 한국 최고의 댄스크루가 되기 위해 서바이벌 미션을 치르는 것이다. 다양한 미션을 함께 수행하며 보여지는 경쟁의 모습과는 달리 각 댄스크루들의 우정과 의리가 빛나지만, 어느 한 팀은 반드시 탈락해야 하는 오디션 프로그램의 숙명은 피해갈 수 없다.

사실 (방송용) 댄스는 대중문화의 최전선이라 해도 과언이 아니다. 여덟 팀의 댄서들이 모두 춤을 추지만, 대중음악의 춤이라는 공통점을 빼면 사실상 서로 다른 장르의 춤을 추는 댄스팀들이 경합을 펼친다. 이렇게 각자의 댄스 신에서 최고인 댄서들을 모아 방송용 미션의 수행을 통해 탈락 여부를 결정하는 것은 사실 공정성이라는 잣대를 들이대기 어려운 측면이 있다. 이 말인즉슨, 그들의 탈락이 춤 실력이라는 공정한 잣대로 평가되는 것이 아니라는 뜻이다. 매 회 펼쳐지는 미션의 수행 결과는 춤 실력과 직결되는 문제만은 결코 아니라는 것이다.

세 명의 저지(judge)들(보아, 은혁, 우영)이 있지만, 그들의 손에만 팀의 당락 여부를 맡겨두지 않는 이유 역시 대중음악의 춤이지만 서로 다른 매력과 잣대가 있기 때문일 것이다. 그래서 각 팀의 팬덤의 유무와 인기에 관계없이 각 미션마다 유튜브 조회수와 좋아요 수를 (당락)점수의 가장 높은 비중으로 남겨두었다. 이는 결국 대중의 평가가 대중문화에서 가장 중요한 판단 기준임을 명시하는 대목일 것이다.

〈Be Mbitious〉라는 프로그램을 통해 이미 팬덤이 형성된 크루 엠비셔스의 경우, 〈스맨파〉 5주의 방송 기간 동안 고전을 면치 못하는 모습이 계속 등장했지만, 이미 형성된 팬덤이 그들을 1위로 만들어주었다. 팬들의 평가와 대중의 호감도가 결국은 가장 중요한 판단 기준이고, 반대로 어느 팀이 떨어진다고 해서 이들의 춤 실력이 부족함을 의미하는 것이 아님을 확실시하는 것이다.

보아를 향한 악플테러

우승 후보로 점쳐지던 댄스크루 프라임킹즈가 첫 탈락의 고배를 마셨다. 워낙 크럼프 신의 대세 그룹이자, 크럼프 월드 챔피언을 보유한 그룹이라 그들의 탈락은 많은 이들에게 충격을 안겨주었다. 이에 대한 충격 여파로 시청자들의 항의와 분노가 빗발쳤고, 이는 저지 보아에 대한 악플테러로 이어졌다. 악플러들은 보아의 개인 SNS로 찾아가 인신공격성 악플을 다는 등 큰 피해를 입혔다. 보아도 〈스우파〉에 이어 〈스맨파〉에서도 똑같은 패턴의 일들이 이어지자, 악플러들에 대한 법적 대응을 예고했다.

오디션 프로그램의 태생적 숙명은 탈락자가 나와야만 끝나는 게임이라는 것이다. 서바이벌의 형태를 모르는 것도 아니고, 또 방송을 시청하고 있는 시청자들이라면 결국은 춤의 우열을 가리기 위한 전쟁이 아님을 어느 순간 깨달을 수밖에 없다. 그런데 성숙하지 못한 몇몇 시청자들의 과몰입은 특정인을 향한 분노 표출로 이어졌다. 일각에서는 제작진이 도 넘은 팬덤의 행패에 수수방관한 채 저지들의 뒤에 숨어 있다며 비난했다. 프로그램의 탈락 여부 등에 제작진이 개입하는 것은 어불성설이지만, 위와 같은 논란에는 제작진의 적극적인 개입이 필요한 것도 사실이다.

내 취향에 맞지 않다고 해당 팀을 비난하고 인신공격하는 것은 문제가 있다. 탈락은 공정한 게임을 위한 정해진 룰이고, 저지와 참가자, 제작진, 시청자 모두가 지키고 따라야 할 규칙이다. 내가 응원하는 팀의 춤이 마음에 든다면 조회수와 좋아요로 나의 지지를 드러내면

되는 것이다. 과도한 몰입은 프로그램의 진행과 발전에 저해가 된다. 시청자들은 과몰입으로 출연자들을 오히려 곤란에 빠뜨릴 것이 아니라, 아낌없는 지지와 응원으로 새로운 댄스 신의 탄생과 부활을 지켜봐야 할 것이다.

7.
스포츠 혹은 스포츠'맨' 예능 전성시대

최근 10~20대 젊은 층에 대세인 예능이 '연애 · 사랑'을 주제로 한 프로그램이라면, 40대 이상과 중장년층을 중심으로 대세가 된 예능 소재가 있다. 바로 '스포츠'다. TV만 틀면 수많은 채널에서 다양한 종목의 스포츠 예능을 방영하고 있다. 종목과 형식, 주제와 내용도 매우 다양하다. 축구, 야구, 농구 등 팀을 구성해서 뛰는 구기 종목부터 탁구, 골프, 씨름, 배드민턴 등 개인 종목은 물론 팔씨름이라는 스포츠와 게임의 경계가 모호한 종목까지 그 종류도 다양하다. 경기 구성 형식이나 선수 구성도 다양한데, 최근 가장 눈에 띄는 선수 구성은 타 종목의 스포츠 스타들이 자신의 전문 분야가 아닌 완전히 새로운 종목에 도전하거나, 은퇴 후 다시 자신의 종목에서 새로운 역량을 보여주는 형식이다.

채널을 돌리다 보면 스포츠 예능에 눈길이 갈 수밖에 없다. 이유는 간단하다. 땀을 흘리며 승부를 결정짓는 순간의 장면들이 즉각적으로 시청자들의 눈길을 사로잡기 때문이다. 그뿐만 아니라 고액 연봉의 스타였던 선수들이 예능 프로그램에 대거 출연하면서, "어? 이 선수도 예능 프로그램에 나와?" 하는 반가운 마음이 프로그램으로 시선을 이끈다.

스포츠는 각본 없는 드라마다. 스포츠 예능을 통해 시청자들은 기존 예능 프로그램에서 느낄 수 없었던 스포츠의 진정성을 마주할 수 있다. 잊힌 스포츠 스타들, 갓 은퇴한 스타 스포츠맨들, 그리고 스포츠를 위해 새롭게 뭉친 연예인들까지 스포츠로 하나 되어 그들은 '진심'으로 경기와 프로그램에 임한다. 또한 제작진들이 프로그램의 방향성을 설정할 수는 있지만, '승부'를 조작할 수는 없는 일. 승부가 어떻게 날지 모르는 상황을 날것 그대로 담아내면서 제작진과 출연자는 물론 시청자들까지 프로그램의 몰입도를 크게 높이는 것도 현재 스포츠 예능의 인기 요인 중 하나다.

사실 2000년대 초반에도 스포츠 예능은 많았다. 〈출발 드림팀〉을 필두로 〈우리동네 예체능〉, 〈날아라 슛돌이〉 등이 큰 인기를 끌었다. 최근에는 코로나19가 장기화하면서 최근 몇 년간 직접 몸을 부딪히며 스포츠를 할 수 없었던 이들의 대리만족을 위한 스포츠 프로그램의 수요와 인기가 크게 증가했다.

또 2019년 안정환이 이끄는 〈뭉쳐야 찬다〉 시리즈의 인기로 다양한 종목의 스포츠 프로그램이 보다 체계화·다양화되면서 2000년대 초반 스포츠 예능과는 큰 차별화를 보였다. 예를 들어, 시즌제 프로그램이 가능해지면서 계절을 활용하여 스포츠 종목의 다양화를 꾀했다. 시즌제는 자연스레 장기 프로젝트들을 만들어냈고, 예능 프로그

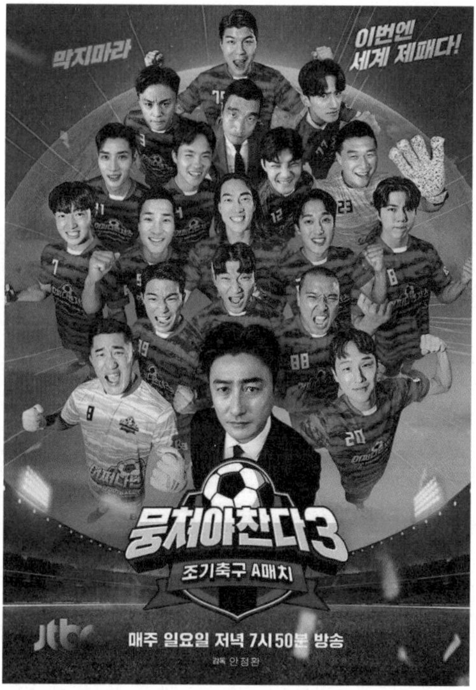

〈뭉쳐야 찬다 3〉 메인 포스터 (출처: JTBC)

램에서는 상상할 수 없었던 리그전, 토너먼트전도 가능하게 했다. 예를 들어 SBS의 〈골 때리는 그녀〉는 레전드 태극전사들이 여자 연예인 선수들의 감독을 맡고, 각 팀은 리그전, 토너먼트전을 거쳐 우승팀을 가려내고 있다. 평균 시청률 5%로 상당히 높은 인기를 구가하고 있으며, 그녀들의 축구를 향한 진정성과 열정은 보는 이들로 하여금 감동과 눈물을 자아내고 있다는 평이다.

스포테이너들의 활약, 그럼 진짜 스포츠는?

스포츠 프로그램들이 스포츠만 하는 것은 아니다. 레전드 스타들이 대거 포진한 프로그램들의 경우, 각 선수들의 스토리를 듣는 것만으로도 시청자들에게 다양한 볼거리를 제공한다. 특히 그들의 일명 '레전드썰'은 시청자들에게 과거 영광스러운 순간의 감동과 즐거움을 회상하게 하고, 선수들이 과거와 현재의 나를 마주하며 재미를 유발한다. 특히 자신의 종목에서는 완벽했던 선수들이 타 종목에서 실수를 연발하는 모습을 보이거나 초보 예능인으로서의 허당끼를 마음껏 뿜내는데 이 역시 시청자들에게는 큰 재미다.

강호동, 서장훈, 안정환 등은 '스포테이너'의 대표주자로 스포츠와는 별개의 예능과 MC로 이미 인정을 받았다. 후발 주자로 허재, 현주엽, 김병현 등도 스포츠와 예능의 경계를 허물고 다양한 프로그램에서 두각을 나타내고 있고, 이하 수많은 스포츠 스타들이 예능 프로그램에 대거 출연하고 있다.

하지만 스포츠 예능이 범람하면서 피로감을 호소하는 이들도 적지 않다. 프로그램의 스포츠 편중 현상이 강하다 보니 온통 스포츠라는 느낌을 지울 수 없다. 더 나아가 스포츠 스타들의 2세를 대동한 스포츠 관찰 예능을 비롯하여 스포츠 예능을 가장한 가족 예능까지 쏟아지고 있어 그 피로감은 한동안 지속될 것으로 보인다. 또 은퇴 선수 또는 아마추어 연예인 선수들에게 승부 결과에 대한 과도한 기대와 비판 더 나아가 악플이 쏟아지는 등 문제점도 많다. 일례로 SBS 〈골때리는 그녀들〉은 편집으로 경기 순서를 조작하여 시청자들을 기만

해 뭇매를 맞았다. 이를 방송한 제작진뿐만 아니라, 자신은 시키는 대로 했을 뿐이라는 MC의 변명은 무책임하게 느껴졌다. 이러한 문제의 재발 가능성은 얼마든지 있다. 스포츠가 가진 승부를 향한 열정과 시청자들의 과몰입이 또 다른 '조작'의 유혹을 불러일으킬 수 있기 때문이다. 따라서 제작진은 스포츠와 예능의 아슬아슬한 줄다리기를 통해 즐거움과 공정성 모두를 잡기 위해 노력해야 할 것이다. 치열한 승부가 '악마의 편집'으로 퇴색되지 않도록 말이다.

8.
넷플릭스 시리즈 〈성+인물〉이 한국 사회에 미친 영향

비용 지불형 OTT 시대의 도래는 콘텐츠의 다양화를 견인했다. 방송용 콘텐츠가 많은 대중을 포괄할 수 있는 '대중성'에 콘텐츠의 가치를 집중했다면, OTT용 콘텐츠는 개인의 다양한 기호에 초점을 맞추고 있다. 한국콘텐츠진흥원이 2022년 1월 발간한《디지털 전환시대 콘텐츠 이용 트렌드 연구》에 따르면 국내 이용자들의 OTT 구독 결정에 가장 큰 영향을 미치는 요인 역시 '콘텐츠'로, OTT를 지속적으로 더 즐겁게 향유하기 위한 최우선 과제로 50.7%가 '콘텐츠의 다양성 확보'를 꼽았다. 즉, 비싼 돈을 주고 구독 서비스에 가입할 때는 본인의 흥미를 자극할 만한 콘텐츠의 보유 여부를 선택의 최우선 순위에 둔다는 것이다. 다양한 콘텐츠를 보유하고 있는 넷플릭스 등 해외 OTT는 현재보다 더 신선하고 흥미를 유발할 만한 콘텐츠를 제작하기 위해 투자와 역량을 집중하고 있다.

당연히 선정적이고 자극적인 콘텐츠들도 이들 중 일부다. 색다르면서 자극적이고 신선한 콘텐츠들은 시청자들의 호기심을 크게 자극한다. 제작자들의 고민도 깊어진다. OTT라는 규제의 압박에서 살짝 벗어날 수 있는 제작 환경이 그들의 상상력과 창작 의지를 더욱 자극하고 있다. 그러한 의미에서 넷플릭스 오리지널 예능 〈성+인물: 일본편〉의 등장은 한국 사회에 수많은 과제와 논란을 던져줬다. 2015년 센세이션한 열풍을 일으켰던 JTBC 예능 〈마녀사냥〉의 제작진과 당시 출연자 신동엽, 성시경의 출연만으로 이미 프로그램에 대한 기대감이 높았던 것이 사실이다. 당시 〈마녀사냥〉이 불러일으킨 그린라이트 바람과 다소 선정적이었던 개방적 연애담론은 큰 인기를 끌었다. 내용도 신선했지만 당시로서는 자극적일 수 있는 소재가 종편 채널에서 방영되었기 때문에 논란도 있었다. 하지만 그 인기가 지금 〈성+인물〉 시리즈에 대한 기대감으로 이어진 것을 보면 비교적 잘 만들어졌던 콘텐츠라고도 평가할 수 있다.

〈성+인물: 일본편〉은 신동엽-성시경 두 MC가 일본의 성 산업 전반에 대해 탐방하고 종사자들을 직접 인터뷰하는 형식으로 진행되었다. 총 6부로 구성된 프로그램은 1부부터 매우 선정적이고 자극적인 내용으로 가득 채워졌다. 아무리 OTT라지만 조금 과하다는 생각이 들 만큼 첫 화는 불편한 소재가 난무했다. 시청 중단을 고민하던 중, 초반의 불편함을 조금 넘기자 성에 대한 문화적 차이와 관련 인터뷰에 집중된 내용이 방송되었다.

우리나라는 성에 대한 언급이 터부시되고, AV물이나 성과 관련한 산업이 법적으로 금지되어 있다. 우리나라에 일본 AV물이나 그 출연 배우들이 유명해진 것도 어둠의 경로를 통해서다. 반면 일본은 '성

예능 〈성+인물: 대만편〉 메인 포스터 (출처: 넷플릭스)

에 개방적인 나라'라는 통념을 넘어서, 일본이 이 정도로 성 산업이 발달되어 있다는 것을 나는 이 예능을 통해 사실상 처음 접하게 되었다. 하나의 '문화'와 '산업' 측면에서 접근한 성 산업에 대한 탐방이 매우 놀랍고 생경하게 다가왔다. 특히 기업의 형태를 넘어 일본 제조업의 상당한 부분을 차지하고 있는 성인용품 기업 탐방이나 일반 시민들을 대상으로 한 인터뷰 등은 성 문화에 대한 일본인들의 인식을 이해할 수 있는 대목이었다.

하지만 AV물은 국내에서 제작은 물론 유통이 금지되어 있으며,

철저히 음지화되어 있다. 음지화가 되어 있다는 것은 AV물이 이미 국내에서 적지 않게 소비되고 있지만 합법적인 통로로는 불가능하다는 뜻이다. 왜일까? AV물이 생산하고 있는 왜곡된 성(性)인식, 성 착취 등이 유해 영상물로 취급되기 때문이다. 〈성+인물: 일본편〉은 AV 산업 자체가 가지고 있는 유해성은 전혀 언급하지 않은 채 그저 AV물과 그 배우의 장점만을 부각하여, 마치 이 산업은 반드시 권장되어야 할 것처럼 인식하게 만든 우를 범했다. 우연히라도 이를 접하게 된 어린 친구들에게 "성 산업에 종사하면 돈도 많이 벌고, 성공할 수 있겠구나" 하는 왜곡된 인식을 심어줄 수도 있게 말이다. 제작진의 시도는 좋았으나 연출 방향의 허점이 드러났다.

그럼에도, 동일 잣대로 평가 불가한 '다른' 콘텐츠

그렇지만 2023년 논란이 된 신동엽을 향한 타 방송 하차 요구는 OTT 콘텐츠 사업의 존재 가치에까지 영향을 미칠 수 있다. 방송용 콘텐츠와 OTT용 콘텐츠는 엄연히 시청 타깃과 제작 방향성을 달리하고 있고, 이러한 차이점들 때문에 시청자들도 비용을 기꺼이 지불하고 콘텐츠를 구독한다. 〈성+인물: 일본편〉은 청소년 관람불가 등급을 받은, 수위와 표현이 비교적 자유로운 OTT용 콘텐츠이고, SBS 〈TV 동물농장〉은 동물을 사랑하는 가족 시청자들을 타깃으로 한 TV 방송이다. 엄연히 대상도 기획 의도도 다른 두 프로그램을 MC가 같다는 이유만으로 하나로 묶고, 한 프로그램의 강제 하차를 요구한다는 것은 어불성설이다. 방송에 출연하는 방송인도 방송의 콘셉트와 성격에 맞게 자신의 임무를 충실히 하면 되는 것이고, 이는 프로 방송인에게 요구되는 덕목일 것이다. 신동엽이 맡은 다양한 종류와 수위, 주제의 프로그램을 신동엽이 MC라는 이유로 동일 선 상에서 평가하고 비난할 수는 없다. 방송에는 분명한 '분류 기준'이 존재한다. 특정 방송에서의 수위와 주제가 시청하는 데 불편함을 유발했다는 이유로 타 방송에서 강제 하차할 수는 없다. 그러한 기준과 잣대는 존재하지 않기 때문이다.

논쟁적인 〈성+인물〉의 시리즈화 성공

〈성+인물〉은 솔직히 OTT가 아니라면 그 어느 방송에서도 다룰 수 없을 만큼 강력한 수위를 자랑한다. 2024년 방영을 시작한 〈성+인물: 네덜란드, 독일편〉은 사실상 더 큰 자극이 펼쳐진다. 하지만 세 번의 시리즈를 거치면서 제작진도 한국의 정서와 시청자들이 문제로 지적한 부분들을 어느 정도 수용한 것인지, 지난 시즌들과는 다른 점들을 확인할 수 있다. 사실 첫 시즌인 일본편의 경우, 아무리 OTT라지만 조금 과하다는 생각이 들 만큼 불편한 소재가 난무했다. 부정적 여론을 인식한 것인지, 시즌2 대만편에서는 성소수자 법안에 대한 설명과 국가적 지원 등에 대한 담론을 제시했다. 시즌3에서는 네덜란드의 매춘 합법화에 대한 국가적 담론이나 독일의 나체주의에 대한 역사와 물결 등에 대해 언급하는 등 다양한 국가와 민족, 사회적 관점에서 주요 현안들을 제시했다. 이를 통해 성문화와 일반 국민들의 성 인식에 대한 논의도 다루면서 보다 발전된 연출 방향을 보여주었다.

그중 인상 깊었던 부분은 남녀 혼탕에 대한 독일인들의 인식이었는데, 우리나라의 남녀 분리 대중탕에 대해 의아함을 느끼는 모습을 보며, 그야말로 '인식'과 '생각'의 차이가 이렇게 큰 것임을 다시 한 번 깨달을 수 있었다. 어쩌면 OTT이기에 가능한 담론이기는 하지만, OTT 덕분에 인식과 생각의 확장을 어디까지 할 수 있을지 놀라우면서 즐겁기까지 하다. 그러한 의미에서 〈성+인물〉의 시리즈화는 반갑다. 전 세계 다양한 나라의 성 문화 담론을 재미있고 편안하게 제시하기 때문이다. 솔직하고 대담하며 유익하기까지 한 시리즈물로 성장하길 기대해본다.

9.
우리는 '오은영 월드'에서 살고 있나?

우리나라에서 오은영 박사를 모르는 사람이 몇이나 될까? 몇 년 전까지만 해도 육아의 신, 엄마들의 육아 멘토로 유명했던 그녀인데, 이제는 남녀노소 오은영 박사를 모르는 사람이 거의 없다. 그녀는 어느 순간부터 명실상부 국민들의 정신건강 지킴이가 되었다. 아이들의 올바른 양육을 위한 부모들의 멘토, 아이들의 마음을 살펴주는 마음 치료사, 성인들의 트라우마 전문의까지 전방위적으로 활동하고 있다.

2022년, 오은영 박사에 대한 높은 관심과 인기를 실감할 수 있는 일이 발생했는데, 이른바 '오은영 패션'에 대한 일이다. 일부 누리꾼들이 오은영 박사는 해외 유명 명품 브랜드 에르○○의 VVIP고객이며, 오 박사가 10분에 9만 원이라는 비싼 상담료를 받으며 그 돈으로 명품 쇼핑을 한다며 오 박사를 저격하는 일이 발생한 것이다. 그녀의 '고액 상담료 논란', '명품 사랑', 더 나아가 '오은영 패션'에 대한 설왕설래가 이루어지며 연일 화제의 중심에 섰다. 이는 오은영 박사의 일거수일투족, 심지어 패션에까지 전 국민적인 관심이 쏟아지고 있다는 것을 확인할 수 있는 대목이었다. 그녀의 인기를 증명이라도 하듯 관련 기사가 연일 이어졌는데, 그중에서 상당수의 의견이 그녀의 활동에 대한 평가를 담고 있었다. (패션과는 별개로) 그녀에게 상담 치료를 받기 위해 병원 예약을 시도했지만, 예약 전화조차 연결하기 힘든 것은 물론 그녀의 고가 상담료에 만날 엄두를 내기조차 힘들다는 내용이었다. 그녀는 이제 명실상부 국내에서 가장 바쁜 방송인 중 한 명이 되었다. 일주일에 그녀의 이름을 내건 프로그램만 다섯 가지 이상이고, CF, 유튜브 채널, 강연, 신문 칼럼과 각종 인터뷰까지 수없이 많은 채

예능 〈오은영의 금쪽 상담소〉 메인 포스터 (출처: 채널A)

널에서 그녀를 만날 수 있다.

오은영 박사는 이에 대해 높은 비용과 제한된 시간 등으로 자신을 만날 수 없는 많은 이들을 위해 다양한 방송 활동을 하며 이른바 '선한 영향력'을 끼치고 싶다고 이야기한다. 일반인 사연자들을 중심으로 다양한 상황과 사연 혹은 문제를 제시하는 방송 프로그램을 통해 문제를 해결하는 방식을 보여줌으로써 비슷한 상황에 놓인 이들이 스스로 고민해볼 수 있기를 바란다는 것이다. 그래서일까? 정말 수많은 채널에서 다양한 사연을 통해 오은영 매직이 전파를 타고 있다. 하지만 회를 거듭할수록 사연의 자극성과 선정성은 더욱 높아지는 추세다. 자극성이 높아질수록 그녀의 '선한 영향력'은 점점 퇴색하는 느낌이 든다. 왜일까?

몇 년 전 백종원 현상, 오은영이면 모든 것이 해결?

광고 섭외 1순위가 된 오은영 박사, TV CF 광고를 비롯하여 바이럴, 배너, 지면 광고까지 생활 곳곳에서 오은영 박사를 만날 수 있다. 광고 섭외 1순위는 당연히 제품에 대한 신뢰를 높여주고 구매로 이어지게 하는 인물일 텐데, 오 박사가 그러한 조건들을 모두 충족하는 상징적 인물이 된 것이다. 하지만 마케팅의 일환이 된 그녀의 행보가 그리 달갑지 않은 것은 사실이다. 제품 자체에 대한 신뢰도를 오은영 개인의 업적과 권위를 앞세워 광고하기 때문이다. '오은영이 추천

하면 무조건 좋아!'식의 광고성 멘트는 구매자의 객관적인 판단력을 흐리게 한다. 제품에 대한 설명보다는 오은영의 추천이 광고의 전부인 것처럼 비춰져 구매자는 혼란스럽다.

방송계도 이러한 오은영 박사의 파워를 십분 활용하고 있다. 방송 형식이나 내용이 비슷한 프로그램이 우후죽순 생겨나는 것도 이 때문이다. 그뿐만 아니라 좀 더 자극적이고 선정적인 사연을 찾는 것을 경쟁이라도 하듯, 회를 거듭할수록 자극적 사연의 일반인 사례자들이 오 박사를 찾는다. 문제는 이들이 일반인, 비(非)연예인이라는 점이다. 더욱이 아동 사례자들의 경우는 그들이 현실 사회로 돌아갔을 때 어떠한 문제가 발생할 수 있을지 전혀 고려하지 않는 것 같다.

방송 전파를 탄 사연들은 다시 자극적인 부분만 편집되어 유튜브 등 다른 매체를 통해 확대 재생산되고 있다. 전체적인 내용을 보지 않은 시청자들은 자극적인 사연만 보고 사례자들을 비난하는 일들이 벌어진다. 일례로 몇몇 유튜브 클립은 수많은 악플로 인해 댓글창을 아예 닫아놓은 것도 있다. 문제의 확대 재생산이다. 이처럼 오은영 매직의 분명한 빛과 그림자는 시청자는 물론이고 출연자들에게까지 막대한 영향을 미친다. 특히 사연자들이 하나의 '문제적 사연'으로 소비되고 끝나버리는 듯한 인상도 주고 있어 더욱 우려스럽다.

최근 '오은영 월드'가 우리에게 미치는 영향력은 실로 놀랍다. 그녀 덕분에 많은 이들이 힐링하고, 자신의 문제점을 파악하고 개선의 방향성을 찾기도 한다. 하지만 그녀의 행보가 수년 전 백종원의 행보와 닮아 있고, 그녀를 활용하는 방송계도 이른바 '백종원 활용법'과 유사한 모양새를 갖추고 있다. 그들의 솔루션 제공이 마치 '무조건적인 해결책'으로 비추어지고, 이를 제대로 따라 하지 못하는 사연자는 개인의 의지 부족 등으로 귀결되고 있기 때문이다.

심리 방송 프로그램의 인기는 현대인들의 팍팍한 삶을 대변하고 있다. 그래서 다양한 스트레스 속에서 오은영 박사의 존재는 어쩌면 마음의 커다란 위안이 되고 있는지 모르겠다. 하지만 그녀의 행보와 조언, 방송활동이 '심리 상담의 교과서'처럼 비추어지는 것은 지양해야 할 것이다. 개개인의 사연은 획일화될 수 없고, 모두 다른 색깔을 가지고 있기 때문이다. 또 방송은 일반인 사연자들이 지속적 자극으로 무한 소비되지 않도록 책임의식을 가져야 할 것이다. 오은영 박사와의 그 어려운 만남으로 얻은 치유가 다른 방식으로 퇴색되지 않도록 말이다.

10.
나영석 유니버스는 계속된다

리얼 버라이어티의 시작은 한국 예능 역사의 중요한 분기점이다. 한국 예능은 리얼 버라이어티 탄생의 전과 후로 나뉜다고 해도 과언은 아니다. 최근 이 한국 예능사(史)에 대한 전반적인 썰을 푼 영상이 조회수 75만 회를 훌쩍 넘기며 선전했다. 유튜브의 채널 〈채널 십오야〉 이야기다.

〈채널 십오야〉는 우리에게 익숙한 나영석 PD가 주축이 되어 운영하는 유튜브 채널이다. 나영석 PD가 전면에 나서고 있지만, 그야말로 한국 예능의 레전드들인 이명한 PD 사단이 운영하는 유튜브 채널이다. 앞서 말한 예능사 썰도 이명한과 나영석 두 PD가 모여 앉아 나눈 토크에 불과했는데, 여느 연예인들의 토크 못지않은 화제성과 재미를 주었다. 이들은 한국 예능의 공식을 바꾸는 데 일조한 PD들로, '리얼 버라이어티'의 개념을 도입하고, 지난 10여 년간 한국 예능의 기본 공식을 만들었다. 이명한 사단의 핵심 멤버는 대중에게도 유명한 나영석 PD, 신원호 PD('응답하라' 시리즈와 '슬기로운 생활' 시리즈의 연출자), 이우정 작가이고 이들은 tvN을 나와 '에그이즈커밍'이라는 제작사를 새롭게 설립했다.

그중에서도 나영석 PD는 우리나라에서 가장 유명한 스타 PD 중 한 명이다. 그가 만들어낸 수많은 예능 프로그램은 화제성이나 시청률 측면에서 우위를 차지한다. 한국 예능판의 큰 그림을 만든 장본인이기도 하다. 하지만 비판도 많았다. 지난 몇 년간 보여준 자기복제식 예능은 고인물 나영석에 대한 비판으로 이어졌다. 하지만 그는 제작사로 자리를 옮기고, 공격적인 유튜브 콘텐츠를 만들고, 자기복제의 '좋은 예'를 다양하게 보여주며, 나영석 유니버스의 저력을 여전히 증명하고 있다.

그도 그럴 것이 나영석 PD를 필두로 하는 유튜브 채널 〈채널 십오야〉는 나영석에 의한, 나영석을 위한 채널이기도 하다. 그가 그냥 자리에 앉아 '나불나불'대는 영상도 50만 조회수는 기본인 데다, 화질도, 카메라 워크도, 영상의 길이도 나영석 시대의 영상과는 많이 다르지만 여전히 화제의 중심에 있다. 다매체 시대에 각 플랫폼마다 요구되는 연출 스타일이 모두 다른데, 나영석은 본인 스타일을 고집하지 않고, 유튜브 체제와 새로운 대중문화의 분위기를 고루 습득하며 새로운 영역을 창조하고 있다.

나영석의 페르소나는 역시 이서진이다. 사실 나영석 유니버스는 곧 이서진 유니버스이기도 하다. 이서진과의 예능이 이미 10년차이니, 그 종류와 장르도 이미 수십 가지가 넘는다. 하지만 이서진 예능은 여전히 식상하지 않다. 〈금요일 금요일 밤에: 이서진의 뉴욕뉴욕〉이

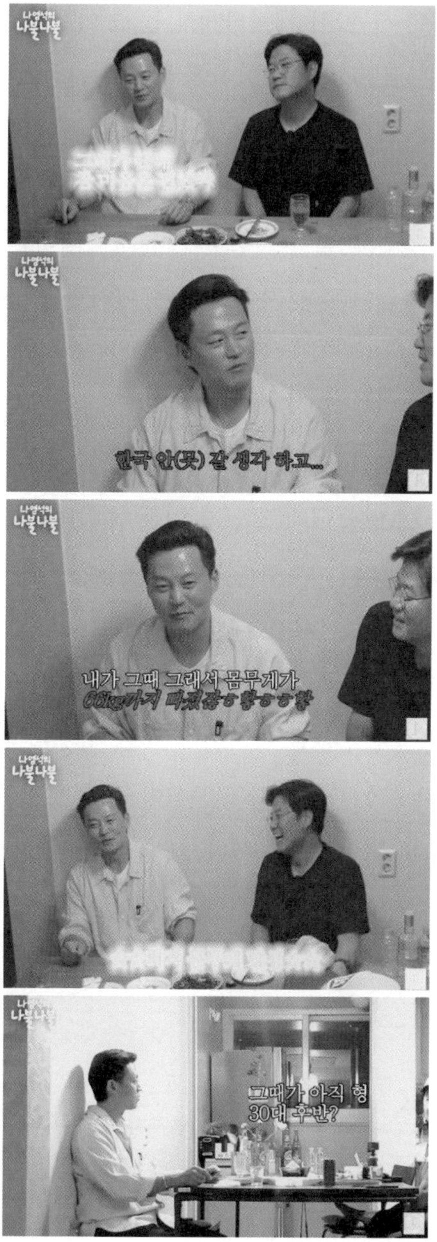

유튜브 채널 〈십오야〉 속 나영석의 나불나불 캡처 (출처: 유튜브 채널 〈십오야〉)

이른바 '떡상'하여 시즌2를 제작하게 만들고, 이서진 홍콩 썰이 큰 화제를 불러일으킨 것만 봐도 나영석에게 그는 콘텐츠 화수분이 맞다. 더 나아가 방송용 예능을 넘어 유튜브 세계로 들어온 이서진의 모습은 더욱 꾸밈 없고, 솔직하며 소위 '츤데레'의 끝을 보여준다. 한마디로 판이 제대로 깔린 느낌이다. 그를 계속 궁금해하는 나영석의 마음이 곧 시청자의 마음이 된 것처럼 말이다. 이러한 이서진의 매력은 앞으로의 나영석 유니버스를 더욱 기대하게 만드는 관전 포인트이기도 하다.

이 밖에도 2022년 〈신서유기〉 여성판인 〈뿅뿅 지구오락실〉이 큰 성공을 거두면서 MZ들에게도 인기 있는 콘텐츠를 발굴해냈고, 〈콩 심은 데 콩 나고 팥 심은 데 팥 난다〉(이하 '콩콩팥팥') 등 정규 편성 예능도 화제성이나 시청률 면에서 선전하고 있다. 〈채널 십오야〉의 대표 콘텐츠 〈출장 십오야〉는 다양한 배우, 가수들의 꾸밈 없는 모습을 엿볼 수 있다는 점에서 꾸준한 인기를 얻고 있다. 20년차 PD가 이처럼 여전히 활발하고 핫한 대중문화의 중심이 될 수 있을까? 누가 나영석 PD를 한국 예능의 고인물이라 했나. 그의 유니버스는 아직도 절찬 상영 중이다.

11.
찐친 예능이란 이런 것! tvN 〈콩콩팥팥〉

연예인 사모임은 예나 지금이나 대중의 관심 대상이다. 대중은 내가 좋아하는 연예인의 사생활이 늘 궁금하다. 사생활의 중심에는 당연히 인간관계가 있고, 연예인과 그 주변인들, 그중에서도 찐친들과의 사생활은 대중에게 큰 호기심을 자극한다. 그래서인지 리얼리티 예능과 찐친 소재의 조합은 화제성과 인기의 보증수표다. 수많은 예능이 이 두 가지 조합으로 많은 재미를 보았다. 예를 들어 조인성-차태현의 사모임으로 시작된 예능 〈어쩌다 사장〉은 그 인기와 화제성에 힘입어 시즌3까지 방영했다. 〈콩콩팥팥〉도 이 〈어쩌다 사장 2〉에서 출발했다고 할 수 있다. 해당 예능에 게스트로 출연했던 이광수, 김우빈이 찐친 예능의 즐거움을 느꼈고, 그 경험을 바탕으로 직접 〈콩콩팥팥〉의 제작을 제안했다고 하니, 그 시작 역시 찐친 케미라 해도 과언은 아니다.

'콩 심은 데 콩 나고 팥 심은 데 팥 난다'는 속담의 줄임말인 〈콩콩팥팥〉은 나영석 PD의 신작 예능으로 홍보를 시작했지만, 나영석 PD가 메인으로 나서는 프로그램은 아니다. 그의 후배이자 동료인 하무성 PD를 주축으로 출연진과 제작진의 평균 연령이 많이 낮아진, 보다 젊은 분위기의 최신 농사 예능이다. 지난 몇 년간 나영석 PD는 이른바 시골 예능으로 큰 인기를 끌었는데, 아예 농사의 과정과 결과를 통해 시골 예능의 확장판을 보여준 것이다. 이전과 달라진 점은 〈콩콩팥팥〉은 보다 현재 트렌드인 '유튜브 콘텐츠'식 촬영 스타일이라는 것이다. 각 잡은 고(高)사양 카메라가 아닌, 보다 날것 그대로의 모습을 보여주기 위해 소규모 인원의 단출한 장비로 현장감을 높인 연출 방

에능 〈콩콩팥팥〉 메인 포스터 (출처: tvN)

식을 선보이고 있다. 일례로 6회에서 한 사진관을 방문한 멤버들과 촬영 스텝을 보고, 사진관 사장님이 자신보다 카메라가 좋지 않다며 신기해하는 장면은 이번 예능의 특성을 단적으로 보여준 대목이다. 이 밖에도 KBS 〈인간극장〉을 연상케 하는 자막이나 숨 쉴 틈 없는 빠른 전개는 자칫 늘어질 수 있는 농사 예능에 생동감을 부여하고 있다.

하지만 무엇보다 〈콩콩팥팥〉을 빛나게 하는 것은 역시 찐친 멤버 네 명의 케미스트리에 있다. 그들의 행동과 대화, 협업의 모든 과정이 '찐친'이기에 가능한 모습들로 가득 차 있다. 맏형 김기방의 무게중심, 예능 선수 이광수의 깐족거림, 의외의 개그감을 선보이는 김우빈, 그리고 형들을 휘어잡는 막내 도경수까지 네 명이 보여주는 각기 다른 매력이 시청자들에게 큰 웃음을 선사한다. 그리고 농사를 제대로 지어본 적 없는 그들의 서투름과 이를 바라보는 시청자들의 생경함도 함께 융화된다. 새로운 농작물이 성과를 보일 때마다 일종의 힐링을 선사한다. 특히 먹던 씨앗을 뱉어 심은 수박의 탄생은 이 프로그램의 재미와 중심을 모두 잡아준 주요 활력소가 되었다. 방영 초반 출연자와 제작진은 텅 빈 밭을 보며 이 농사가 잘될 수 있을지 하는 불안감, 또 시청자들은 과연 이 예능이 재미있을지 하는 의심이 공존했는데, 수박이 열매 맺음과 동시에 이 모든 의심은 말끔히 해소되었다.

네 명의 찐친들 이외에도 논밭 주변의 이웃 주민들과 시장 상인들, 그리고 시장 맛집 등은 또 다른 볼거리를 선사한다. 특히 다른 나 PD의 시골 예능들과는 다르게, 그들이 주말농장식으로 매주 출퇴근의 형태로 진행하다 보니, 농촌의 모습 이외의 다양한 화면들도 함께 등장한다. 그 속에 곁들여지는 그들의 일상과 시골 생활의 일부분들은 이 예능의 또 다른 즐거움이다. 또 게스트들의 등장도 새로운 찐친 케미를 폭발시켰다. 〈어쩌다 사장〉의 품앗이로 차태현이 농삿일 돕거나, 조인성이 몰래 온 손님으로 등장해 함께 김장을 하는 등 색다른 재미도 선사했다. '또 농사 예능이야?' 하는 시청자들의 우려와 기시감을 불식시키고, 또 한번 새로운 농촌 예능으로 큰 성과를 낸 〈콩콩팥팥〉, 지금 이 기세라면 시즌2도 무리 없이 기대해볼 수 있지 않을까?

5장

로맨스는 계속된다

1. 연애 예능이 대세인 이유
2. 솔로는 지옥으로? 연애 예능 전성시대
3. 〈솔로지옥 3〉, 무엇이 달랐나?
4. 〈여름날 우리〉, 섬세하게 담은 첫사랑의 추억
5. 사랑을 실험한다고? Love is Blind, 〈연애 실험: 블라인드 러브〉
6. 대중문화를 장악한 돌싱들, 이번엔 미국이라고? 〈돌싱글즈 4〉

연애 예능의 인기가 지속되고 있다. 최근에는 연애 예능의 장르와 형식, 출연자의 연령, 직업, 이혼 여부, 심지어 성별까지 예능 소재의 경계가 모두 사라지고 있다. 특히 비연예인 예능이 대중문화의 중심으로 떠오르면서, 연애의 판타지를 주로 보여주던 몇 해 전 예능과는 다르게, 보다 리얼하고 날것 그대로의 연애 예능이 인기를 끌고 있다. 그중에서도 돌싱 연애 예능이 2023년 대중문화계를 강타하면서 연애 예능의 새 지평을 열었다는 평가를 받았다. 모든 인류의 지상 과제 로맨스, 콘텐츠의 로맨스 열풍은 언제까지 계속될까?

1. 연애 예능이 대세인 이유

내가 아닌 다른 이들의 '사랑' 또는 '사랑 찾기'를 소재로 다룬 예능을 우리는 '연애 예능'이라 부른다. 2014년 불미스럽게 종영한 SBS 〈짝〉 이후, 오랜 시간 환영받지 못했던 '로맨스' 소재가 2022년 바야흐로 대세 콘텐츠에 등극한 것이다. 2017년부터 연애 예능이 기지개를 펴기 시작했고, 현재 가히 정점이라 말할 수 있을 정도로 연애 예능이 봇물처럼 쏟아지고 있다.

그중에서 2022년 하반기 신드롬을 불러일으킨 〈환승연애 2〉는 젊은층에 큰 사랑을 받았다. 〈환승연애 2〉의 경우, 이 프로그램을 보기 위해 티빙에 신규 가입했다는 사람들이 많았는데, 이는 콘텐츠가 매체 선택에 적지 않은 영향을 미친다는 것을 입증했다. 〈환승연애 2〉가 옛사랑의 애틋함과 추억, 그 가운데 등장하는 새로운 인물과의 썸, 여러 마음의 깊이를 살펴보는 예능이라면, 어른들의 화끈한 연애를 보여주는 〈돌싱글즈 3〉는 돌싱 남녀들의 사랑 이야기를 다루었다.

〈나는 솔로〉의 경우, 일반인 연애 예능의 날것이자, 인간 군상에 대한 다큐멘터리 느낌으로 현실성 높은 연애 예능을 선보이고 있다. 대다수의 연애 예능은 관찰 예능의 형식을 띠고 있고, 시청자들은 관찰자의 입장에서 그들의 사랑을 바라본다.

콘텐츠는 TV나 OTT, 유튜브 할 것 없이 관찰 카메라의 형식이 예능판의 주류로 자리 잡은 지 오래다. 이 때문에 소비자(시청자)도 남의 일상을 훔쳐보는 것이 더는 이상하지 않은 시대가 되었다. 그럼에도 어느 매체 할 것 없이 관찰 예능이 절대다수를 차지하고 있다 보니 피로감이 높고 연예인들의 관찰 예능은 이제 지겹기까지 하다. 하지만 예쁘고 멋진 일반인들의 일상, 그중에서도 그들이 사랑하고 연애하는 내용을 예능의 주요 소재로 삼으면 이야기가 달라진다. 많은 사람들이 보고 싶은 콘텐츠, 제작진도 제작하기 쉬운 가성비 높은 콘텐츠로 탈바꿈하는 것이다.

OTT 브이로그(자신의 일상을 동영상으로 촬영한 영상 콘텐츠)의 형태는 비연예인 브이로그, 비연예인 일상관찰도 큰 사랑을 받고 있다. 이에 따라 비연예인(일반인)과 유명인의 경계가 모호해진 시대를 넘어, 이제는 연반인(연예인+일반인의 합성어), 인플루언서 등이 콘텐츠의 중심이 되는 시대가 도래한 듯하다. 콘텐츠를 제작하는 사람이나 출연하는 사람이 TV 방송(공중파)이 아닌 다양한 루트(매체)를 통해 프로그램을 선보이다 보니, 오히려 출연료가 많이 드는 연예인보다는 연반인, 인플루언서 등의 수요가 높아지는 추세다. 출연료도 높고 리스크도 비교적 높은 연예인보다, 신선하고 소비자들의 호기심을 자극하는 이들의 출연을 제작자도 소비자도 더욱 반기는 추세다. 이러한 추세에 힘입어 최근 가장 큰 인기를 끌고 있는 예능 소재 중 하나로 평가할 수 있는 것이 바로 비연예인 예능의 역습, 연애 예능의 인기다.

매체의 다양화가 연애 예능의 인기를 견인?

OTT의 등장은 사람들의 콘텐츠 소비 방식을 바꾸어놓았다. 매체 생태가 변화하면서 우리는 언제 어디서든 원하는 콘텐츠를 쉽게 접할 수 있게 되었다. TV라는 여럿이 함께 공유해야 하는 기기의 시대를 지나, 내 손안의 기기를 통해 자신의 기호에 맞는 콘텐츠를 직접 찾아보는 시대가 된 것이다. 또 장소에 구애받지 않고, 다른 장비에서 보던 콘텐츠를 다른 장소에서 이어서 볼 수 있게 되었다. 이처럼 자신만의 디바이스로 혼자, 본인이 원하는 콘텐츠를 찾아 보는 데 익숙해진 대중이 많아지면서 콘텐츠의 소비는 개별화·개인화되었다. 소비자와 제작자 모두 이러한 니즈에 매몰되다 보니 자극성 높은 관음의 문화가 더욱 공고해지고 있는 분위기도 감지된다.

모르는 일반인의 궁금한 일상을 훔쳐보는 재미, 남의 연애를 훈수 놓으며 함께 보는 재미, 수위 높고 자극적인 남의 연애사도 혼자 즐길 수 있는, 이른바 즐겨 보는 이들에게는 '종합 선물 세트'와 같은 프로그램이 바로 '연애 예능'이다. 올 한 해 매체를 망라하고 제작·방영된 연애 예능만 이미 30여 개를 훌쩍 넘었고, 그중 몇 작품은 신드롬적 인기를 구가했다. 종류도 다양하다. 주어진 상황, 인물, 연령,

직업군, 이혼 여부, 동성애까지 종류도 수 가지다. 〈환승연애 2〉의 경우, 2022년 10월 3주 연속 예능 화제성 1위에 등극했는데, 티빙 OTT의 이용자 수 한계에도 불구하고, 'TV & OTT 통합 화제성' 차트 1위에 올랐다는 점에서 그 의미는 매우 남다르다. 또 넷플릭스 〈솔로지옥〉의 경우, 국내 예능으로는 이례적으로 세계 순위 TOP 5에 등극하는 등 기록을 세우기도 했다.

연애 예능을 아예 보지 않는 시청자들에게 지금은 예능 소재 가뭄의 시대일지 모르지만, 매체의 변화가 이끌고 있는 연애 예능 트렌드는 많은 의미를 내포한다. 그럼에도 다양성의 시대에, 좀 더 다양한 콘텐츠들이 제작될 수 있는 환경이 만들어진 만큼 '되는 콘텐츠의 편중'보다는 '도전을 통한 다양성'이 조금 더 요구되었으면 하는 아쉬움이 든다. 그럼에도 매체의 변화가 이끌고 있는 연애 예능 전성시대는 한동안 계속될 것 같다. 보지 않는 이들에게 볼 것 없었던 예능판, 이제는 어떻게 달라질까?

2.
솔로는 지옥으로? 연애 예능 전성시대

지난해는 그야말로 '연애 예능'의 전성시대였다. 연애 예능을 보지 않는 시청자들 입장에서는 "예능이 아예 볼 게 없다!"라는 말이 나올 정도로 연애 예능이 봇물처럼 쏟아져 나왔다. 특히 OTT를 중심으로 연애 예능의 소재도 주제도 다양해지면서 그 인기도 대중적으로 큰 반향을 일으켰다. 이에 질세라 TV 방송에서도 다양한 연애 예능을 제작하기 시작했다. 2014년 SBS의 〈짝〉이라는 프로그램은 당시 큰 화제를 모으며 '연애 예능'의 성공적인 예시로 평가받았다. 하지만 불미스러운 일로 갑작스레 막을 내렸는데, 이후 주춤했던 '로맨스 예능'이 올해는 대홍수를 맞이했다.

현재 비연예인 예능으로 가장 큰 사랑을 받는 프로그램이 SBS Plus의 〈나는 솔로〉다. 극사실주의 데이팅 프로그램이라는 슬로건에 걸맞게, 비연예인 예능의 전형을 보여주고 있다. 다큐처럼 현실 반영 200%의 〈나는 솔로〉는 시청자들에게 큰 사랑을 받고 있다. 2022년 하반기를 휩쓴 티빙의 〈환승연애 2〉의 경우, 2022년 10월 3주 연속 예능 화제성 1위에 등극했는데, 티빙 OTT의 이용자 수 한계에도 불구하고, 'TV & OTT 통합 화제성' 차트 1위에 올랐다는 점에서 연애 예능의 인기를 가늠해볼 수 있다.

관찰 예능 형식은 예능판의 주류로 자리 잡은 지 오래다. 관찰 예능의 인기는 OTT 등 매체의 변화와도 밀접한 관계를 갖는다. OTT 매체 시대가 도래하면서 개인의 기기를 통해 콘텐츠를 혼자서 시청하고, 본인이 원하는 콘텐츠를 '구독'하거나, 비용을 지불하여 즐기는 것이 일상이 되었다. 이는 콘텐츠 소비의 개인화 · 개별화를 가져왔는데, 이러한 콘텐츠 소비 형태는 제작에도 많은 영향을 미친다.

무난한 소재로 가족과 함께 보기에 무리가 없는 콘텐츠 제작이 주가 되던 시대는 끝났다. 콘텐츠 소재의 범위가 보다 다양화되고 세밀화되고, 이와 동시에 개인이 즐기는 콘텐츠의 수도 폭발적으로 늘어나게 되었다. 일례로 다른 사람들의 일상을 살펴볼 수 있는 브이로그는 요즘 가장 사랑받는 콘텐츠 중 하나다. 브이로그의 주요 형식 역시 '관찰 카메라'이고, 이를 지켜보는 시청자들은 다양한 대리만족을 느낀다. 이처럼 다른 사람의 일상을 훔쳐보는 데 익숙해진 시청자들은 선정적이고 자극적인 콘텐츠에도 더욱 익숙해지고 있다. 적당한 선정성이 있고, 타인의 일상을 훔쳐보고, 이들이 사랑하고 연애하는 것을 지켜보는 재미를 모두 충족시키는 콘텐츠가 바로 앞서 말한 '연애 예능'이라는 종합 선물 세트라 평가할 수 있겠다.

2022년 12월 공개된 넷플릭스의 〈솔로지옥 2〉는 시즌1만큼이나 높은 화제성으로 비영어권 TV쇼 부문 10위를 차지하며 선전했다. 커

예능 〈솔로지옥 2〉 메인 포스터 (출처: 넷플릭스)

플이 되어야만 지옥도에서 빠져나올 수 있는 설정은 참가자들을 더욱 몰입하게 한다. 많은 연애 예능들이 오직 사랑 찾기에만 집중할 수 있도록 함께 합숙하며 서로를 알아간다는 설정을 한다. 〈솔로지옥 2〉는 이보다 더 극한의 설정, 극명한 대비를 통해 시청자와 출연자 모두가 쉽게 상황에 몰입할 수 있게 한 것이 특징이다. 핫한 남녀들이 모여 있지만, 먼저 그들의 직업이나 배경은 배제하고 서로의 외모, 인간적 매력을 찾는 데 집중한다.

물론 천국도라는 완전한 속세의 공간이 기다리고 있지만, 그것이 주가 되는 것은 아니다. 상황과 관계의 대비를 통해 한국식 '드라마'에 집중했다. 혹자는 한국식 신파라 말하지만, 이러한 섬세한 감정과 미묘한 심리 묘사가 글로벌 콘텐츠 환경에서는 강점으로도 작용한다. 여타 해외 데이팅물의 경우, 자극성과 선정성에 매몰된 경우가 많은데, 그와는 대비되는 모습이다. 또 이들의 사랑을 지켜보는 패널들의 반응이 흥미롭다. 툭툭 던지는 유머코드가 큰 웃음을 유발한다. 넷플릭스 한국 예능 시리즈는 그동안 큰 성과를 만들지 못했다. 하지만 〈솔로지옥 2〉가 연애 예능 지옥에 빠져 지겨움을 느끼는 시청자들에게 여전한 재미를 주었는지는 모르겠다. 연애 예능의 바다에서 허우적대는 요즘 예능이지만, 그 색깔의 다양성과 변주가 결국 '살아남는 예능'을 만들고 있다.

3.
〈솔로지옥 3〉, 무엇이 달랐나?

〈솔로지옥 3〉는 꺼질 듯 꺼지지 않는 연애 프로그램의 인기에 다시금 불을 지폈다. 〈솔로지옥 3〉는 그 어느 시즌보다 더 높은 화제를 모으며 시즌을 마무리했다. 시즌은 마무리되었지만, 그들의 '현커(현실 커플)' 여부, 촬영 당시의 행동에 대한 설왕설래 등 여전히 화제의 중심에 서 있다. 〈솔로지옥〉의 지난 시즌들과 시즌3의 가장 큰 차이점은 무엇이었을까?

넷플릭스가 만든 연애 프로그램 〈솔로지옥〉 시리즈가 국내 여타 연애 프로그램과 가장 큰 차이를 보이는 것은 역시 선정성과 과감성에 있다. 〈솔로지옥〉은 실제로 한국판 〈투 핫!〉이라는 수식어가 붙는다. 〈투 핫!〉은 미국 연애 리얼리티 프로그램으로 섹시한 싱글들만 모아놓은 해변, 그들 모두가 생애 가장 불타는 여름을 보낼 것이라는 노골적(!) 홍보 문구를 내건 프로그램이다. 그래서인지 〈투 핫!〉은 제목 그대로 핫한 젊은이들의 뜨거운 연애를 지켜볼 수 있어 전 세계적으

예능 〈솔로지옥 3〉 메인 포스터 (출처: 넷플릭스)

로 인기가 매우 높다. 〈솔로지옥〉이 〈투 핫!〉과 비교되는 이유는 역시 〈투 핫!〉이 전면으로 내세우는 노출과 과감성을 비슷하게 가지고 간다는 점에 있다. 〈솔로지옥〉 시리즈가 수영복이나 과감한 란제리를 입은 출연진의 모습을 전면 포스터에 내세우는 만큼, 시청자들의 이목을 한 번에 끄는 것은 당연하다.

하지만 무엇보다도 한국 젊은이들의 현재 연애 스타일을 그대로 엿볼 수 있기 때문에 세대별, 인종별 연애 스타일의 차이를 확인할 수 있다는 점에서 전 세계적인 주목을 받고 있다. 말 그대로 〈투 핫!〉처럼 '모든 상황이 허용'은 아니지만, 〈투 핫!〉만큼의 노출과 과감함을 전제로 우리 스타일의 연애를 선보인다는 특징이 있다. 여기서 '한국 스타일'을 강조하는 이유는 〈솔로지옥〉이 그 어느 한국형 연애 예능 프로그램보다 세계인들의 높은 관심을 받고 있기 때문이다. 〈솔로지옥〉 출연자 선정의 가장 첫 번째 기준은 그들의 외모적 매력에 있는 듯하다. 철저히 외모와 몸매가 출연자 선정의 최우선 조건이 되고, 자연히 준연예인 신분의 출연자가 사실상 대부분이라는 점이 바로 〈솔로지옥〉 시리즈만의 특징이다.

한국 연애 예능과 〈솔로지옥〉의 가장 큰 차이점

현재 국내 인기 연애 리얼리티의 공통점은 일반인 출연자들의 연애와 일상을 엿보는 관찰 형식을 띤다는 것이다. 90년대 연예인들의 커플 매칭 프로그램과는 큰 차별화를 가진다. 비연예인이라고 '믿는' 멋진 남녀가 출연하는 연애 프로그램은 시청자들의 공감과 관심을 불러일으키기 쉽다. 이러한 장점 때문인지 시청자들의 관심과 대중문화적 화제성은 높고, 그만큼 출연자들에 대한 호불호도 크게 갈리는 편이다. 특히 시청자들이 연애 프로그램을 통해 '나와 비슷한'이라는 공감대를 크게 형성할수록 해당 프로그램에 대한 화제성은 더욱 높아진다.

하지만 이 현상은 또 다른 맹점이 존재한다. 시청자들이 출연진에게 느끼는 호감도의 기준이 비교적 높은데, 그 호감도의 주요 기준이 출연자가 얼마나 '나와 비슷한 (보통의) 사람인지' 확인하는 데 있다. 출연자가 예쁘고 섹시하고 멋지지만, 가장 비연예인에 가까운 인물일수록 그 프로그램과 출연자의 인기가 높아진다는 뜻이다. 그만큼 출연자가 알고 보니 준연예인이었고, 비연예인의 일상과는 완전히 다르다는 것을 아는 순간 시청자들이 느끼는 배신감은 증폭된다. 이는 프로그램에 대한 선입견을 만들고, 심하게는 안티팬으로 돌아서는 기현상이 발생하기도 한다. 의아하지만 이것은 한국 연애 프로그램 팬덤이 갖는 특이한 현상 중 하나다.

하지만 〈솔로지옥〉은 이 지점을 정확히 캐치했다. 애초에 지향점을 달리했고, 홍보 포인트도 다르게 잡았다. 대놓고 외모, 몸매, 준연예인을 전면에 내세웠다. 그러다 보니 대중의 기준점 또한 달랐고, '공감'보다는 '극한 상황의 대리 체험' 정도의 느낌으로 〈솔로지옥〉을 받아들일 수 있었다.

하지만 여기서 우리는 〈솔로지옥 3〉가 다른 시즌보다 더 큰 사랑을 받은 이유를 다시 한번 확인할 수 있다. 이쁘고 멋지고 준연예인급 외모를 가진 나와는 달라 보이는 사람들이 너무나 현실적인 '나 같은' 연애를 한다는 반전 포인트가 시청자들을 열광하게 만든 것이다. 극강의 솔직함이 인기의 결정타를 만들었다. '대리 체험을 넘어 생각지도 못한 공감이 가능하네?' 이번 시즌의 가장 큰 관전 포인트라 할 수 있다. 이미지 관리가 필요한 준연예인들의 리얼 통쾌한 연애 훔쳐보기는 〈솔로지옥 3〉에 많은 시청자들이 열광하게 된 이유가 되었다.

〈솔로지옥 3〉는 그 어느 시즌, 그 어느 연애 프로그램보다 솔직하고 당돌하고 직관적으로 몰입한 출연자들 덕분에 가장 핫한 화제성을 모을 수 있었다. 그 중심에는 농구선수 이관희가 있었고, 그를 둘러싼 여성들의 경쟁, 그 경쟁을 만들고 (여성들의) '화'와 '눈물'을 불러일으키는 이관희의 행동 및 어록은 수많은 명장면과 화제성을 만들어냈다.

연애 리얼리티 프로그램의 봇물 속에서도 시즌3까지 여전한 화제성으로 인기를 끌고 있는 〈솔로지옥〉의 핵심 역시 진정성이었다. ENA 채널의 인기 연애 예능 〈나는 솔로〉가 리얼과 진정성의 평균치를 확실히 높여 놓았기 때문이기도 하지만, 어쨌든 대중이 가장 좋아하는 것은 '리얼'의 맛임을 〈솔로지옥 3〉가 다시 한 번 증명해냈다. 이관희는 여전히 최혜선과 함께하고 있을까? 악플 세례를 받은 조민지의 행보는 어떠할까? 〈솔로지옥 3〉라는 작품 그 자체가 아니라, 출연자 개개인의 앞으로의 삶이 궁금한 것을 보면, 이번 〈솔로지옥 3〉의 진정성 하나만큼은 제대로 통한 것 같다.

4.
〈여름날 우리〉, 섬세하게 담은 첫사랑의 추억

대만 영화 〈여름날 우리〉가 2021년 개봉 이후 2년 만에 재개봉했다. 청춘 하이틴물에 특화된 대만이 선보인 〈여름날 우리〉는 입소문을 타고 호평을 받고 있다. 이 영화는 2018년 국내에서 개봉한 영화 〈너의 결혼식〉을 리메이크했다. 리메이크작이 재개봉 열풍을 이어간다는 것은 무엇을 의미할까? 〈여름날 우리〉의 완성도와 인기가 원작을 뛰어넘는다는 반증일 텐데, 실제로도 리메이크의 수작으로 〈여름날 우리〉가 거론되고 있어서 흥미롭다.

대만 하이틴물의 계보는 2007년 〈말할 수 없는 비밀〉을 시작으로, 2012년 〈그 시절, 우리가 좋아했던 소녀〉, 2016년 〈나의 소녀시대〉 등으로 이어진다. 이제 대만 하이틴물은 대만 현지를 넘어 중화권과 해외 시장에서도 사랑을 받는 대표 장르가 되었다. 풋풋한 사랑의 감성을 맑은 하늘과 바다의 지리적 특성(?)을 살려 섬세하게 표현한다. 또 국내 정서와 많이 닮아있는 80~90년대 감성을 잘 그려내어 국

영화 〈여름날 우리〉 중국 메인 포스터 (출처: baidu image)

내에 적지 않은 마니아층이 있다. 이번 리메이크작 〈여름날 우리〉 역시 이러한 대만 하이틴물의 전형을 충실히 따랐다. 가슴을 울리는 그 시절, 그 이야기는 보는 이들의 마음을 간지럽힌다.

주인공 저우 샤오치(허광한 분)는 17세에 처음 만난 요우 용츠(장약남 분)에 첫눈에 반한다. 그녀를 향한 사랑은 변함이 없는데, 둘의 만남은 계속 어긋나기만 한다. 그녀의 마음을 얻기 위한 저우 샤오치의 노력은 대학을 졸업한 이후에도 꾸준히 이어지고, 불의의 사고를 겪으며 그녀의 마음을 얻게 된다. 요우 용츠는 아버지의 폭력으로 늘 마음의 불안을 가진 인물인데, 저우 샤오치의 끊임없는 구애가 그들의 사랑을 완성시킨다. 하지만 저우 샤오치의 스스로를 향한 자책이 요우 용츠에게 비수를 꽂으며 둘의 사랑은 끝이 난다.

한국 영화 〈너의 결혼식〉과 서사의 맥락은 흡사하다. 디테일에 차이가 있는데, 핵심은 이 디테일의 차이가 두 영화의 작품성과 완성도를 크게 나누었다는 점이다. 특히 대만 남녀 주인공의 뛰어난 연기력과 대사의 섬세한 의미 전달이 완성도를 끌어올리는 가장 큰 성공 요인으로 꼽힌다. 사실 원작 〈너의 결혼식〉은 '단어'가 주는 미묘한 차이를 연기와 연출이 제대로 담아내지 못했다. 예를 들어 '후회'라는 단어 때문에 오랜 사랑을 그만두는 두 주인공 남녀의 서사를 〈너의 결혼식〉은 담지 못했지만 〈여름날 우리〉는 잘 담았다. 여자 주인공이 왜 이토록 안정감을 원하는지, 왜 누군가에게 '후회'가 될 자신이 그토록 싫었는지 〈여름날 우리〉는 앞선 서사를 통해 충분히 관객들을 이해시켰다. 또한 연기자들의 다채로운 표정 연기와 감정 전달은 관객들이 눈물을 쏟게 할 만큼 충실했고, 감성을 담은 OST는 관객의 마음을 간지럽혔다.

물론 청춘 영화의 특성상 손발이 오그라드는 감성이 영화 전체를 가득 메운다. 특히 대학생들의 떼창 신은 솔직히 너무 작위적이라 닭살이 돋을 정도였다. 하지만 그때 그 시절의 감성임을 놓고 본다면, 필요한 장면이었다는 생각도 있다. 이 또한 하이틴 청춘물의 특권 중 하나이리라.

결말에 아쉬움을 토하는 사람도 많다. 하지만 이 드라마는 첫사랑, 청춘의 그 순간의 사랑, 가장 아름다웠던 시절의 사랑을 이야기하고자 했다는 점에서 해당 결말이 더욱 현실적으로 다가온다. 만약 해피엔딩이 이루어졌다면 이렇게 여운이 깊은 하이틴 로맨스물로 남지 않았을 것이다. 해피엔딩은 사랑이 영원하길 바라는 관객의 기대일 뿐 현실은 다르다.

남성의 시각에서 풀이한 '너'의 결혼식이 아닌, 함께 사랑한 '우리'의 사랑을 담은 〈여름날 우리〉, 무더운 여름 나의 첫사랑도 추억하게 하는 첫사랑 영화를 만나보는 것은 어떨까?

5.
사랑을 실험한다고?
Love is Blind, 〈연애 실험: 블라인드 러브〉

대한민국의 출산율은 OECD 최저 수준이다. 출산율에 직결되는 것이 혼인율인 만큼 만혼이 늘어나고 결혼하지 않거나 꺼리는 젊은 인구들이 늘어나고 있다. 이러한 추세는 당연히 연애와도 직결된다. 연애하지 않거나 연애를 생각하는 것조차 귀찮은 젊은이들이 많아졌다. 국내에서는 그 바탕에 다양한 사회적인 원인들을 제시하는데, 치솟는 물가와 부담되는 데이트 비용, 조건을 따지는 남녀 관계 등이 대표적인 예다. 결국, 연애의 가장 본질인 '사랑'은 빠지고, 여러 조건만을 따지는 현실이 젊은이들의 사랑을 더욱 어렵게 만들고 있다. 하지만 이는 비단 국내에 국한된 문제만은 아닌 듯하다. 넷플릭스 인기 오리지널 시리즈 〈Love is Blind〉가 전 세계적인 인기를 끌고 있는 것을 보면 말이다.

〈Love is Blind〉의 국내 공개용 제목은 〈연애 실험: 블라인드 러브〉다. 오직 마음의 끌림만으로 결혼 상대를 찾아 약혼하고, 서로를

예능 〈연애 실험: 블라인드 러브〉 홍보 포스터 (출처: 넷플릭스)

만난 후 결혼 여부를 결정하는 사회적 실험이 이 프로그램의 제작 취지다. 국내의 사회적 분위기와 상황으로는 도저히 이해할 수 없는 '연애 실험'이다. 미국이기에 가능할 것 같은 이 프로그램은 전 세계적으로 큰 인기를 끌고 있다. 〈연애 실험: 블라인드 러브〉는 미국에서만 시즌4까지, 해외 스핀오프로 브라질과 가까운 나라 일본까지 다양하게 제작되었다. 연애 예능이 시리즈물로, 그리고 다양한 스핀오프로 제작되었다는 점만으로도 해당 프로그램의 인기를 가늠할 수 있다.

이 프로그램을 통해 확인할 수 있는 점은, 결혼이 다양성의 나라

예능 〈연애 실험: 블라인드 러브〉 화면 캡처 (출처: 쏭힛 네이버 블로그)

미국에서도 사실상 쉽지 않은 제도라는 점이다. 우리의 편견 아닌 편견과 다르게 결혼이라는 제도에 고려해야 할 사항이 어쩌면 우리보다 더 많은 나라가 미국 사회인 것 같다. 일례로 땅덩이가 넓은 나라이기에 서로의 거주지는 물론이고, '인종'은 결혼에서 우선적으로 고려해야 할 사항 중 하나다. 이 실험은 고려해야 할 조건들이 많아질수록 대화와 마음을 통한 '사랑'은 점점 멀어지는 현실을 꼬집고 있다.

실험의 규칙은 간단하다. 남녀 참가자들은 일정 기간 동안 함께 숙식을 하며 데이트를 한다. 단, 남녀의 실제 만남은 절대 불가다. 포드(Pods)라는 서로의 얼굴을 볼 수 없는 공간에서 만나 대화를 통해서만 데이트를 한다. 그리고 수차례의 데이트를 통해 마음이 깊이 통한 상대를 찾고, 그 자리에서 약혼하고, 약혼 후에야 비로소 서로를 마주한다. 그야말로 '실험'이라는 통칭에 부합하는 파격이다. 인륜지대사라는 결혼을 상대의 얼굴도 보지 않고 결정한다니 말이다. 하지만 오히려 얼굴을 보지 않고, 서로 간의 깊은 대화를 통해 서로의 내면을 마주하고 이해하면서 자기 자신까지 되돌아볼 수 있는 새로운 경험은 실험 참가자들에게 다시 없을 새로운 감정과 기회를 제공한다. 이를 바라보는 시청자들도 어느새 그들의 상황과 대화에 빠져들게 된다.

수많은 참가자 중에 커플로 연결되는 수가 대략 7~8커플, 실제로 결혼이라는 해피엔딩에 이르는 커플이 3~4커플 정도 된다. 파격에 비해 적지 않은 수다. 그럼에도 참가자 전체의 20~30% 결혼 성공률이 말해주듯, 대화만을 통해 성사된 커플의 결혼은 아무래도 쉽지 않은 측면이 있다. 그럼에도 시즌 1~4까지 미국 시즌을 이어오면서 이혼하지 않고 계속해서 잘 살고 있는 커플이 있다는 것은 그들의 실험이 도전해볼 만한 가치가 있다는 것을 증명하고 있다. 파격적인 소재의 예능이 다양하게 등장하고 있는 국내에서, 한국판 〈연애 실험: 블라인드 러브〉를 기대해볼 수 있을까? 쉽지 않겠지만 도전해볼 만한 가치는 있어 보인다.

6.
대중문화를 장악한 돌싱들, 이번엔 미국이라고? 〈돌싱글즈 4〉

현재 미디어에는 '돌싱' 키워드가 넘쳐난다. '돌싱'을 프로그램명으로 하거나, '돌싱'을 주요 키워드로 삼은 프로그램만 이미 여럿이다. 그중에서도 최근 가장 논란과 화제의 중심에 선 프로그램은 단연 〈나는 솔로〉다. 〈나는 솔로〉는 연말 시상식에서 예능상이 아닌 다큐상을 노린 것이 아니냐는 우스갯소리가 나올 정도로, 또 라디오 생방송에서 연예인이 〈나는 솔로〉 출연자의 성대모사를 선보일 정도로 폭발적인 화제성을 자랑했다.

〈나는 솔로〉가 현실을 극대화한 리얼 다큐의 모습을 보여준다면, 〈돌싱글즈〉는 예능의 옷을 입은 판타지물쯤으로 보인다. 특히 〈돌싱글즈 4〉는 미국을 무대로, 미국에 사는 돌싱들의 이혼 후 사랑 이야기를 담고 있어서 국내 시청자들에게는 조금 더 판타지 같은(?) 느낌을 선사하고 있다.

우선, 〈돌싱글즈 4〉는 지난 시즌들과 만남 · 선택 등의 형식은 동

예능 〈돌싱글즈 4〉 메인 포스터 (출처: MBN)

일하다. 하지만 멕시코 칸쿤이라는 쉽게 가볼 수 없는 휴양도시를 배경으로, 현실을 뛰어넘는 스펙의 소유자들, 파란만장한 이혼의 과정과 이유들을 통해 국내 시청자들에게 색다른 재미를 선사해주고 있다. 특히 멕시코 칸쿤의 이국적인 풍광과 즐길 거리가 눈길을 사로잡는데, 칸쿤의 분위기가 남녀의 사랑을 더욱 불태우는 역할을 하는 것 같아 흥미롭다.

또 일주일의 합숙 기간 중 순차적으로 자신의 정보를 공개하면서, 조건과 사랑의 경우의 수를 다양하게 한 것도 중요한 관전 포인트다. 특히 돌싱들에게 가장 중요한 '자녀 유무'의 공개를 가장 마지막에 배치함으로써 조건을 따지지 않고 사랑에 빠진 이들이 조건에 따라 마음이 변하는지 여부도 많은 시청자들의 가슴을 졸이게 했다. 특히 시즌4에서 처음부터 종영 후까지 화제의 중심에 섰던 여성 출연자 '하림'이 자녀 유무 공개를 앞두고 눈물을 흘렸던 장면은 많은 시청자들의 눈시울을 붉게 만들었다.

현재 대중문화를 장악한 돌싱 키워드가 그 어느 때보다 인기를 끄는 이유는 역시 '다이내믹한 서사'에 있다. 개인의 인생사이지만, 이혼이라는 과정과 이유, 자녀에 대한 사랑 등 한 인간의 대서사시를 다양한 방식으로 풀어낼 수 있고, 조건을 뛰어넘는 '사랑'이라는 결실을 만들어내는 전 과정이 많은 이들에게 큰 재미와 영감을 주기 때문이다.

그중에서도 〈돌싱글즈〉가 특히 사랑받는 이유 중 하나는 국내 예능에서 다루지 않았던 '동거'라는 이벤트를 넣음으로써 현실과 판타지의 적절한 조화를 만들어낸다는 점인데, 이번 미국편은 이 동거의 재미를 더욱 극대화시키고 있다. 왜냐하면 미국이라는 큰 땅덩이에서 각기 다른 지역에 사는 그들이 제3의 공간이 아닌 실제 그들이 살고 있는 집에서 동거를 하기로 결정했고, 이는 국내 시청자들에게는 어쩌면 생소할 수 있는 '미국 일상'의 한 부분을 가감 없이 살펴볼 수 있는 재미를 안겨주기 때문이다. 일례로 각자 아이가 있는 두 남녀의 동거에서 전남편이 나타나 그들이 함께하는 모습을 지켜보는 모습 등은 사실 국내 정서상 굉장히 놀라운 모습일 수 있다. 이러한 차이들을 확인하는 과정은 〈돌싱글즈 4〉가 여타 다른 시즌들과는 다른 매력을 보여줄 수 있는 이유이기도 하다.

넷플릭스 글로벌을 통해서도 공개되고 있는 〈돌싱글즈 4〉는 〈나는 솔로〉와 같은 완전한 날것 그대로의 모습은 아니지만 충분히 진실되고 리얼하며, 또 판타지적 요소를 고루 갖추고 있어서 많은 시청자들에게 큰 재미를 선사하고 있다. 이제는 시즌5의 출연자를 모집하고 있다고 하니, 당분간 돌싱 키워드의 인기는 지속될 것으로 보인다.

6장

작가주의 전성시대

1. 언제일지 모를 그때를 위한 〈우리들의 블루스〉
2. 어설픈 작가주의 드라마가 되지 않기 위해서… 〈이상한 변호사 우영우〉
3. 추앙하며 해방되는 길, 〈나의 해방일지〉
4. 변호사 드라마의 봇물, 왜?
5. 성공적인 트랜스미디어인 줄 알았는데… 넷플릭스 〈황야〉의 아쉬운 전개

작가주의란 감독의 역할이 소설이나 연극 속 작가처럼 중요하다는 영화비평에서 비롯된 용어다. 하지만 최근에는 어떤 예술작품을 만들 때, 그 작품을 만드는 작가의 특성이나 개성이 뚜렷하게 드러나는 데 중점을 두는 창작 태도라는 비교적 폭넓은 의미로 활용되는 용어다. 특히 방송 드라마 시장이 작가의 창작 능력에 좌우되기 시작하면서, 이른바 자신만의 창작 스타일을 드러내며 작품 활동을 하는 작가주의 성향의 드라마 작가들이 각광받는 시대가 되었다. 스타 작가들이 드라마 산업의 핵심 축으로 떠올라 작가의 말이 드라마는 물론 사회 전체에 많은 영향을 미치면서 작가주의의 범위와 역할에 대한 논의가 필요한 시점이다. 대중문화계를 휩쓴 다양한 드라마와 작가주의 성향의 드라마가 현재 대중문화계에 미치는 영향력을 알아보고, 앞으로의 드라마 시장에 미칠 영향에 대해 고민해볼 수 있다.

1.
언제일지 모를 그때를 위한 〈우리들의 블루스〉

블루스 음악이 처음 귀에 꽂히면 리듬에 맞춰 자연스레 몸을 흔들게 된다. 하지만 블루스 음악에는 왠지 모를 소울(soul)과 한이 느껴지는데, 18세기 미국으로 강제 이주한 흑인들의 음악이라는 뿌리, 그들이 당시 느꼈던 감정이 고스란히 음악의 색깔로 유지되고 있기 때문일 것이다. 드라마 〈우리들의 블루스〉는 이러한 블루스 음악의 색깔을 고스란히 담고 있다. 인생의 여정이 행복만 가득할 수 없듯, 우리 모두에게는 달고도 쓴 블루스가 있다. 하지만 '나' 아닌 '우리'가 있기에 그 여정도 그리 외롭지만은 않다.

드라마는 아름다운 섬 제주를 배경으로 한다. 많은 이들에게 제주는 환상의 섬, 행복한 휴양지이지만, 제주도민들에게 제주는 휴양지도 관광지도 아닌 삶 그 자체다. 그곳에서 일어나는 수많은 굴곡이 행복하지만 더욱 애잔해 보이는 것도 환상적인 풍광과 상황의 극명한 대비 때문일 것이다. 특히 〈우리들의 블루스〉에는 햇볕이 쨍쨍한

드라마 〈우리들의 블루스〉 메인 포스터 (출처: tvN)

와중에 비가 쏟아지는 장면이 많고, 이러한 장면에는 OST 'Quando Quando Quando'가 어김없이 등장한다. 이 노래의 가사를 곱씹어보면[가사 중 일부: Tell me Quando(대체 언제일지 내게 말해줘요)], 〈우리들의 블루스〉가 다양한 스토리를 통해 결국 하고자 하는 이야기가 무엇인지 짐작할 수 있다.

다양한 에피소드, 논란 혹은 호불호

옴니버스식 드라마답게 에피소드별로 주 · 조연이 바뀌는 드라마의 형식이 처음엔 조금 낯설게 느껴진다. 하지만 주 · 조연의 완급 조절과 에피소드별 매끄러운 연결고리가 드라마의 몰입도를 크게 높였다. 오히려 드라마의 흐름이 너무 물 흐르듯 하여 '어? 드라마 벌써 끝났어?' 하고 시간을 확인하게 했다. 우리 주변 사람들의 이야기 같은 드라마였지만, 그중에서 '영주와 현' 에피소드는 방영 직후 논란의 중심에 섰다.

'영주와 현'은 고등학생의 임신과 출산이라는, 주변에 흔히 볼 수는 없지만 또한 수없이 일어나고 있는 소재를 다루었다. 남녀 성 대결 구도가 만연한 최근의 사회 문화적 현실에서 해당 에피소드도 남녀의 성 대결 혹은 여성 인권의 관점에서 논란이 점화되었다. 의사가 임신

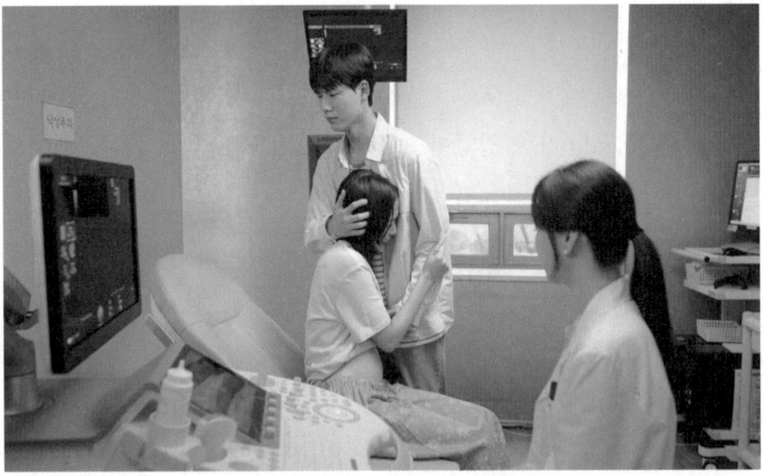

드라마 〈우리들의 블루스〉 제5회 캡처 (출처: 넷블릭스)

중단 의지가 있는 영주에게 아기 심장 소리를 들려주는 장면이나 현이 영주에게 '내 아이'이기도 함을 강조하는 장면 등에서다. 하지만 우리가 주목해야 할 것은 특정 장면의 불편감이 아닌 에피소드 전체가 전달하고자 하는 메시지다.

해당 에피소드의 특정 장면에 불편한 감정이 드는 것은(인권과 호식 에피소드와 연결하여), 고등학생의 임신과 출산이 일반적이고 보편화된 것이 아닌 만큼, 두 남녀가 처한 모든 상황이 일종의 답답함을 넘어 안타까움을 유발하기 때문이다. 그들은 온전히 자신의 힘만으로 아이를 낳고 돌볼 수 없는 아직은 미성숙한 청소년들이다. 임신 중단의 결정을 합법적으로 본인 스스로는 할 수 없는, 성인의 보호가 필요한 청소년이기에 이 에피소드에서 논란이 되는 출산의 결정 과정과 영주의 비자발적 선택 등에만 초점을 맞출 수 없다.

혹자가 이야기하는 페미니즘적 관점이나 여성의 권리 등을 이야기할 수 있으려면 어른들의 도움 없이 스스로 자기 결정권을 행사하고, 자신의 행동에 책임을 다할 수 있는 상태 혹은 조건이 되었을 때 그 권리도 정당하게 요구할 수 있다. 드라마에서 청소년 인권조례 등 이전과는 달라진 현 시대적 법안도 충분히 제시하고 있다. 하지만 그것이 임신 중단이든 임신의 지속이든 청소년의 임신은 당사자인 아빠·엄마의 결정만으로 이루어질 수는 없다는 것을 감안할 때, 충분히 도출 가능한 결말이었다고 생각한다.

드라마가 집중해야 할 부분은 예상치 못한 상황들에 일어날 수 있는 변화와 그에 대한 책임의 문제이지 단순히 여성의 인권과 앞으로의 삶을 위해 낙태는 반드시 이루어졌어야 한다는 식의 주장은 지양되어야 한다. 드라마라는 쿨 미디어*의 특성상 '낙태'를 직접적으로 다룰 수 없었던 부분도 어쩌면 있었을지 모르나, 낙태를 하느냐 마느냐의 문제보다 더 중요한 메시지는 '책임'과 '적당한 때'에 대한 부분일 것이다.

그 밖에도 영옥의 다운증후군 언니와의 애증의 감정, 미란과 은희의 진짜 우정과 의리, 선아의 우울증과 양육권, 한수의 돈과 우정 사이 등 너무나 리얼한 소재들이 〈우리들의 블루스〉의 에피소드를 가득 채웠다. 어쩌면 누구에게도 들키고 싶지 않은 속마음을 거침없이 파헤쳐 어떤 이에게는 불편감을 안겨준 드라마였을지 모른다. 하지만 그 속에는 노희경 작가 특유의 인간에 대한 절절한 애정, 사회적 약자에 대한 따듯한 시선이 담겨 있다. 작가는 말한다. "'우리'가 함께하기에 숨기고 싶은 그 감정들도 함께 보살필 수 있다, '언제'일지 모를 그날을 위해 살아 있는 우리 모두 행복하라!"라고 말이다.

---

* 마셜 매클루언은《미디어의 이해》에서 핫 미디어와 쿨 미디어의 개념을 제시했는데, 깊이 참여하고 관여하는 것을 요구하지만 정보량이 적은 미디어를 쿨 미디어로 명명하며, TV를 통해 시청하는 드라마는 영화에 비해 느슨한 스토리에 접근성이 높아 드라마 내용의 확장성, 정밀도, 수위가 낮은 편이라 했다.

2.
어설픈 작가주의 드라마가 되지 않기 위해서… 〈이상한 변호사 우영우〉

드라마의 작가주의는 최근 몇 년간 갑론을박의 대상이 되었다. 영화에서 시작된 작가주의라는 용어는 창작 콘텐츠의 다양한 영역에서 두루 활용되고 있다. 시대에 따라 그 의미는 조금씩 바뀌고 있지만, 드라마의 작가주의는 제작진(감독, 작가 등)의 주제의식, 스타일이 작품에 그대로 녹아드는 것을 말하며 작가 특유의 사회에 대한 시각과 관점이 노출되는 것을 의미한다.

드라마는 드라마로서 다양한 역할을 한다. 그중에서도 여가와 휴식을 위해 드라마를 시청하는 시청자들에게 소신을 가장한 과도한 정치, 사회의식의 조성, 그리고 작가의 개인 성향이 개입된 드라마는 환영받지 못한다. 하지만 최근의 드라마 경향이 아무래도 단순한 로맨스물에 국한되지 않다 보니 장르물에 치우칠수록 작가나 감독의 성향과 가치관이 개입되는 경우가 많다. 그럼에도 불구하고 드라마의 기조가 한쪽으로 편향되었거나 시청자들에게 '이것이 맞는 것'이라고

가르치는 듯한 인상을 강하게 풍길 때 시청자들은 거부감을 느낀다.

작가주의 성향이 강했던 작가 김수현의 경우, 당시 한국 사회에서 거부감이 강한 소재였던 불륜 등을 모티브로 사회적으로 큰 반향을 일으켰다. 작가 특유의 톡 쏘아붙이듯 내뱉는 대사 처리가 마치 시청자들을 향해 쏘아붙이는 듯한 인상을 주었는데, 김수현식 대사가 초반에는 강한 중독성과 메시지를 주었지만, 시대가 흐를수록 이에 거부감을 느끼는 시청자들이 늘어났다.

아무래도 드라마를 일방향적으로만 시청하던 시대를 지나, 드라마에 대한 평가와 의견 개진이 자유로운 시대가 될수록 작가주의 성

드라마 〈이상한 변호사 우영우〉 메인 포스터 (출처: ENA)

향이 강한 드라마 화법은 그다지 환영받지 못하게 되었다. 특히 MZ 세대의 성향이라 단정 짓기는 어렵지만, 어찌 되었든 자신의 생각과 소신을 밝히고 주관이 뚜렷한 요즘 세대에 다소 강한 작가주의, 그중에서도 정치적 색깔이 강하게 드러나는 드라마에는 왠지 모를 거리낌이 느껴진다.

〈우영우〉의 용두사미, 시즌2 가능성은?

〈우영우〉는 ENA 채널이라는 핸디캡에도 불구하고, 시청률 17%라는 경이로운 숫자를 기록하며 막을 내렸다. 에피소드 형식의 드라마답게 16회의 드라마 회차 동안 다양한 법정 공방을 다루었다. 하지만 드라마의 초중반 이후부터 드라마의 소재가 된 사건이나 내용이 우리 사회에서 실제로 발생했던 사건들을 각색하여 제작되었다는 사실이 전해지면서 이에 대한 갑론을박도 뜨거웠다. 특히 12화의 경우, 특정 정치인의 특정 사건을 비교적 상세히 다루면서도 이에 대한 미화 혹은 과장을 덧붙여 일부 시청자들의 원성을 샀다.

또한 피해자와 약자를 선정한 기준이나 가해자와 악인을 바라보는 시선에서도 작가 자신의 기준과 평가가 과도하게 개입되었다. 사회적 약자를 보호해야 하는 것은 당연하지만, 그 무엇보다 중요한 것은 사건에 대한 객관적이고 법리적인 기준인데, 정서법에 치우친 사건 해결이 주를 이루는 등 작가 개인의 관점이 과도하게 개입된 듯하다. 이를 증명이라도 하듯, 우영우에 대해 '캐릭터 붕괴죄'라는 우스갯소리가 트위터를 중심으로 확산되었고, 1,800회 이상 리트윗 되며 많은 이들의 공감을 샀다.

그뿐만 아니라 권민우-최수연 변호사의 갑작스러운 로맨스나 우영우 출생의 비밀, 정명석의 와병까지 극 후반 한국 드라마의 전형적 클리셰들이 잇따라 등장하면서 내용의 개연성 또한 무너졌다는 평가를 받았다. 또 PPL 없는 착한 드라마로 초반 인기를 끌었으나, 후반부에 개연성 없이 등장한 화장품 PPL도 시청자들의 원성을 샀다.

이렇듯 〈우영우〉의 초반 강력한 힘에 비해 용두사미의 결과를 만들어낸 것 같아 아쉬운 마음이 드는 것이 사실이다. 자폐인에 대한 새로운 시선과 사회적 메시지를 제시하고, 시청자들이 상세하게 알지 못했던 다양한 사회적 이슈의 내막을 살펴보게 하는 등 〈우영우〉가 던진 우리 사회의 숙제들은 그 자체만으로 의미가 있었다. 하지만 초반 돌풍을 일으켰던 극의 완성도와 메시지가 삐걱거리기 시작하면서 작가가 시청자들에게 강조 혹은 강요하고 싶은 메시지만 남은 것은 아닌지 아쉬움이 남는다.

작가는 드라마의 시청자들이 모두 깨어 있는 지식인이라는 생각으로 사회적 담론을 제시하는 것이 중요하다. 예컨대 부자는 악인, 약자는 피해자라는 단순한 프레임으로 시청자들을 설득하려 하는 것은 현시대에 더는 통하지 않는 메시지 전달법이다. 인생 드라마에 등극할 '뻔'했다는 시청자들의 말에 아쉬움이 남는다. 시즌2가 나온다면, 급하게 마무리된 우영우 출생의 비밀도 조금 더 통쾌하게 풀릴 수 있을까? 〈우영우〉의 종영에 큰 아쉬움이 남는 대목이다.

3.
추앙하며 해방되는 길,
〈나의 해방일지〉

박해영의 드라마는 두꺼운 마니아층을 형성하고 있다. 박해영이 주목받기 시작한 것은 2016년작 〈또 오해영〉부터다. 당시 〈또 오해영〉은 '역대급 로코'라는 찬사를 받으며 2005년 김삼순 열풍에 버금가는 신드롬을 일으켰다. 30대 여성들의 사랑과 애환을 고스란히 담으며 많은 여성들의 공감대를 불러일으켰다. 특히 연기자 서현진의 재발견으로, 이후 서현진은 '연기 잘하는 믿고 보는 배우'라는 수식어를 얻게 되었다.

이후 비슷한 로코물을 가지고 나올 것 같던 박해영은 장르의 변형을 가져왔다. 우리 사회의 어두운 일면을 내밀하게 분석하여 그 안에서 살아가는 인간 군상들의 이야기를 그려냈다. 2018년작 〈나의 아저씨〉는 현재까지 많은 이들의 '인생 드라마'로 손꼽히는 드라마 중 하나다. 특히 〈나의 아저씨〉를 통해 박해영 세계관이라는 말이 만들어졌는데, 이는 극 중 인물들이 깊은 어둠 속에서 평온과 안식의 길로 나아가는 방법에 주목하는 것이다. 〈나의 아저씨〉는 그해 '백상예술대상' 7개 부문에 노미네이트 되고, 작품상, 극본상을 수상하는 등 박해영 커리어의 정점을 찍게 했다. 드라마의 색깔이 시종일관 어둡고 스산하지만, 드라마가 완결되고 나면 가슴속 깊은 곳에서부터 뜨거운 전율이 올라온다.

박해영 작가는 사회의 어두운 단면을 여과 없이 그려낸다. 〈나의 아저씨〉에서는 대기업 파견직으로 근무하는 이지안을 통해 소외를 이야기함과 동시에 사채와 대부업자라는 범죄 소재를 활용했다. 〈나의 해방일지〉에서도 마찬가지다. 서울살이를 갈망하는 경기도 산

드라마 〈나의 해방일지〉 메인 포스터 (출처: JTBC)

포시의 삼남매가 겪는 차별과 대중에게는 생소한 호스트바의 세계까지 상세히 보여주었다. 대중이 불편할 수 있지만 호기심이 가는 소재를 활용하고, 인물들의 내면을 치밀하게 파헤쳐 직업이나 배경이 아닌 한 인간으로서의 색깔을 보여준다. 한 인간의 진짜 이야기를 통해 현실은 치열한 어둠이지만 종국에는 평온, 평화, 해방의 길로 인도하는 것이 박해영 드라마의 참맛이다.

〈나의 해방일지〉도 제목에서 이미 느낄 수 있듯, 지겹고 어두운 삶으로부터의 '해방'을 논하고 있다. 극 중 인물 대부분은 삶의 의미를 찾지 못한 채 방황하는 인물들이다. 쳇바퀴처럼 반복되는 일상이 얼핏 가장 평온해 보이지만 마음은 늘 방황이다. 미스터리한 인물 구씨는 쳇바퀴 같은 일상을 틈입한 외지인이다. 얼핏 해방된 듯한 모양새인데, 매일 마시는 소주 두 병이 아직 해방되지 못한 그의 심경을 대변한다. 결국, 그들 모두가 간절히 원하는 것은 '해방'이다. 해방이 무엇인지, 무엇으로부터의 해방인지 그들도 모른다. 그저 이 모든 지겨운 것들로부터 해방되고 싶다.

염창희(이민기 분)에게 해방은 설사를 해버리고 싶은 마음, 그리고 오래 참은 설사를 하고 나면 찾아오는 그 시원함 같은 것이다. 염미정(김지원 분)은 한 번도 채워지지 않은 자신을 사랑이 아닌 '추앙'을 통해 가득 채우고 싶다. 누구나 쉽게 쓰고 버리는 사랑이 아닌 추앙을 받고 싶다. 염미정은 구씨를 통해 이 가득 채워짐을 맛보고, 여느 다른 '개새끼(염미정이 표현한 구 남친들)'들과는 다른 편안함을 느낀다.

술에 중독되어 맨정신으로 살아가기 어려운 구씨는 염미정을 통해 여러 번 건져 올려진다. 염미정의 외침 "내려!"에 의해 우연히 당미

역에 내려서 목숨을 구한다거나, 화법도 생각도 취향도 무채색인 염미정에 의해 평온을 느낀다. 구씨는 맨정신에 우르르 몰려오는 기억 속 인간들로부터의 해방, 하지만 순간의 해방이 아닌 영원한 해방을 꿈꾼다. 그것을 매개하는 사람이 염미정이고 둘은 서로를 망가지지 않게 붙잡아주며 함께 해방을 도모한다.

솔직히 드라마의 서사 자체가 그리 친절하지는 않다. 해방을 향해 나아가는 주인공들의 여정에 기승전결이 없다. 그려지는 시간도 때론 앞뒤가 맞지 않거나 판타지적이다. 갑작스러운 구씨의 멀리뛰기가 그렇고, 염제호의 트럭 추격신이 그러하다. 하지만 이 모든 행위들은 각자의 생각과 방식으로 해방을 향한 첫걸음을 내딛는 행위들이다. 이러한 판타지적 행위 뒤에는 반드시 주인공들이 육체적으로나 심적으로 큰 변화를 맞이하기 때문이다.

〈나의 해방일지〉는 사실 거창한 엔딩도 완벽한 해방도 없다. 등장인물 모두 앞으로 어떻게 ① 행복한 척하지 않을지, ② 불행한 척하지 않을지, ③ 정직하게 볼지 모색하고 있는 것 같다. 그렇게 그 모습 그대로 어디선가 살아가고 있을 것 같다. 구씨는 굴러가는 500원짜리 동전이 바닥으로 완전히 떨어지지 않고 아슬아슬하게 건져지는 것처럼, 또 그렇게 삶의 새로운 변화를 예고했다.

작은 배역 하나하나에도 살아 숨 쉬는 캐릭터성을 선사했다는 점에서, 이번 〈나의 해방일지〉도 박해영 작가의 진면목이 강하게 드러난 드라마임이 분명해 보인다. 한 편의 문학작품을 본 듯 꾹꾹 눌러 담은 대사들이 진한 여운을 남긴다. 드라마는 끝났지만 추앙 신드롬, 구씨앓이는 한동안 계속될 것 같다.

4.
변호사 드라마의 봇물, 왜?

드라마 시장은 이른바 '변호사 소재'가 대세다. 2022년 〈우영우〉, 〈왜 오수재인가〉, 〈닥터 로이어〉, 〈천원짜리 변호사〉 등이 큰 인기를 얻었고, 그중에서 〈우영우〉는 신드롬을 일으켰다. 올해 새롭게 선보이는 법정 드라마도 줄을 잇고 있다. JTBC 〈끝내주는 해결사〉, 〈닥터 슬럼프〉 등이 대표적이다. 변호사 드라마의 성공 타율은 꽤 높은 편이다.

지상파 3사를 중심으로 '연속극'의 형태를 띠던 드라마들이 변화하기 시작했다. 드라마 방영 매체가 다양해지면서 시청자들의 에피소드 형식의 서사 전개를 선호하는 경향이 두드러지고 있다. 케이블 채널 및 OTT 드라마가 지상파 3사의 아성을 무너뜨린 지 오래이며, 시청자들은 드라마의 연속성에 매몰되어 수동적으로 드라마를 시청하기보다는 '찾아 보는 드라마'에 익숙해졌다. 기피 소재였던 장르물이 드라마 서사의 중심이 되면서 변호사 소재 드라마도 각광받고 있다.

변호사 소재 드라마는 인물 중심형 · 사건 중심형 서사가 모두 가능한 장르형 드라마다. 우리의 일상생활에도 변호사가 있는 곳에 분쟁과 사건이 있는데, 드라마에서는 이러한 사건들이 개별 소재로 활용된다. 또 변호사라는 인물이 다양한 사건들을 해결하는 해결사의 역할을 해내며 매력적인 캐릭터의 탄생이 가능하다. 사건과 해결의 구도는 권선징악으로 귀결되며 시청자들에게 통쾌함을 선사하기도 한다.

그뿐만 아니라 남녀 사랑 소재나 비현실적 판타지 소재에 대한 시청자들의 피로감이 높아지면서 보다 현실적인 소재, 정치적 소재가 각광받고 있고, 그 중심에는 변호사라는 캐릭터의 활용 폭이 비교적 높은 것이 사실이다. 또 미국 · 영국 드라마 등을 통해 법정물에 대한 높은 인기와 수요를 확인했고, 이러한 해외 콘텐츠의 성공 사례는 우리 드라마의 제작 환경, 소재 등에 영향을 미쳤다고도 볼 수 있다.

〈우영우〉, 무엇이 다른가?

드라마 〈우영우〉의 인기는 당시 주가에도 영향을 주어, 〈우영우〉의 제작사 에이스토리의 주가가 급등했다는 소식은 〈우영우〉의 인기를 입증하는 지표가 되었다. ENA라는 다소 생소한 채널에서 방송을 시작한 〈우영우〉가 신드롬적 인기를 누렸다는 것은 사실 매우 이례적이다. 물론 넷플릭스를 통해서도 방영되었지만, KT그룹 방영 드라마의 첫 성공 사례로 소개할 수 있을 만큼 〈우영우〉 돌풍은 대단했다.

드라마 〈우영우〉도 여느 변호사 드라마와 같은 형식을 갖추고 있다. 사건별 에피소드를 매회 해결해나가는 에피소드 중심형 서사다. 하지만 〈우영우〉에 주목해야 할 점은 자폐 변호사라는 특별한 캐릭터성에 있다. '자폐 스펙트럼' 장애를 가진 변호사가 세상의 편견과 스스로 맞서 싸울 뿐만 아니라, 자신의 어려움으로 말미암아 좀 더 섬세한 시선으로 피해자의 아픔을 어루만지며 사건을 해결해나간다.

특히 3화의 경우, 비장애인이 장애에 대해 얼마나 무지하고 이해가 부족하며, 또 얼마나 많은 사람들이 색안경을 끼고 이들을 바라보는지 확인할 수 있는 에피소드였다. 우영우가 바라는 것은 장애인이니까 특별한 대우를 받는 것이 아닌, 여느 비장애인들과 평등한 시선으로, 또 한 명의 전문 인력으로 자신을 바라봐주었으면 하는 마음이다. 그들이 바라는 것은 장애인에 대한 특별대우가 아니라, 사회의 구성원으로서 어떠한 차별도 불이익도 없는 평범한 시선과 일상임을 회를 거듭할수록 확인할 수 있다.

그런 의미에서 변호사 정명석은 우리 사회에서 장애인을 처음 접한 사람의 편견과 우영우를 만난 후 변화한 사람들을 대표하는 인물처럼 느껴진다. 자폐 변호사를 처음 만났을 때 정명석은 다른 이들과 크게 다르지 않게 색안경을 낀 채 우영우를 대한다. 하지만 우영우의 비범함과 사랑스러움과 따듯함을 만난 후 그는 우영우의 가장 멋진 조력자가 되는데, 드라마가 회를 거듭할수록 시청자들도 정명석과 같은 시선의 변화를 느끼고 있는 것 같다.

하지만 일각에서는 드라마가 자폐에 대한 또 다른 종류의 편견을 만들어낼 수 있다고 우려한다. 자폐 스펙트럼의 여러 가지 특징을 섞어서 만들어낸 하나의 '캐릭터'가 자폐인들을 유형화하여, '우영우=자폐의 전형'이라는 또 다른 편견을 만들어낼 수 있기 때문이다. 하지만 개인적으로 드라마를 통해 자폐 스펙트럼이라는 사회적 담론이 형성되었다는 것 하나만으로 이 드라마의 가치는 충분하다고 생각한다. '다름'에 대한 사회적 인식이 높아졌다고는 하지만 여전히 존재하는 사회적 편견과 차별. 우리가 스스로 느끼지 못하고 행하고 있는 수많은 편견과 차별을 드라마를 통해 마주하면서 스스로를 돌아보고 다시 깨달을 수 있다면, 그들이 우려하는 부분들까지도 드라마가 완결되고 나면 조금씩 변화될 수 있을 것이라 확신한다. 따라서 〈우영우〉 신드롬은 일종의 사회 변화를 위한 의미 있는 한 걸음이라 볼 수 있다. 회차를 거듭하면서 보여준 용두사미의 전개방식은 큰 아쉬움으로 기억되었지만 말이다.

변호사 드라마는 그 소재의 특성상 현 사회의 이슈를 가장 문제적으로 다룰 수 있는 만큼 전 세계적으로도 하나의 장르가 되었다. 해결사의 역할을 하는 변호사들의 정의로운 모습이 드라마를 통해 부각되거나, 사회의 어두운 일면을 극의 형태로 상세하게 묘사하여 대중들의 각성을 요구한다. 변호사 드라마가 가진 전형성이 자칫 뻔한 드라마라는 인식을 심어주기도 하지만, 그럼에도 소재의 변주가 가능한 변호사 드라마는 앞으로도 계속될 것이다.

5.

성공적인 트랜스미디어인 줄 알았는데…
넷플릭스 〈황야〉의 아쉬운 전개

대중의 〈황야〉 감상평을 찾아보다가 무릎을 탁 쳤다. 경성 콘크리트 택배기사. 〈황야〉를 보면서 받았던 느낌 그대로의 한 줄 평이다. 〈콘크리트 유토피아〉의 이른바 콘유[콘크리트 유토피아(이하 '콘유')] 세계관에서 재탄생한 〈황야〉는 왜 혹평받고 있을까?

요즘 콘텐츠 업계의 대세는 '트랜스미디어 스토리텔링'이다. 다양한 미디어의 콘텐츠들이 유기적으로 비슷하거나 같은 세계관을 공유하며 무한 확장되는 스토리텔링 기법을 의미한다. '같은 세계관의 공유'라 이해하면 쉽겠다. 작년 개봉한 〈콘크리트 유토피아〉는 침체된 한국 영화에 오랜만에 생기를 불어넣어준 작품이자, 일찌감치 이른바 '콘유 세계관'을 형성하며 확장성을 기반한 영화라 홍보했다. 〈콘크리트 유토피아〉는 김숭늉 작가의 웹툰 원작 1부 〈유쾌한 왕따〉와 2부 〈유쾌한 이웃〉 시리즈 중 제2부를 실사 영화화한 작품으로, 이를 필두로 프리퀄격인 웹드라마 〈콘크리트 마켓〉과 〈유쾌한 왕

〈황야〉 메인 포스터 (출처: 넷플릭스)

따〉를 비롯해, 〈콘크리트 유토피아〉의 몇 년 후 이야기인 〈황야〉가 일찌감치 제작되었고, 〈황야〉가 콘유 세계관에서는 두 번째로 대중을 만났다. 최소한 대중은 그렇게 알고 있었다.

왜냐하면 이미 지난해 〈콘크리트 유토피아〉가 개봉했을 당시, 콘유 세계관을 활용한 프리퀄과 시퀄 등 다양한 트랜스미디어 스토리텔링 작품들이 연이어 나올 것이란 보도가 줄을 이었기 때문이다. 콘텐츠에 조금이라도 관심이 있는 사람들이라면 당연히 〈황야〉는 콘유 세계관의 일환이고, 김숭늉 작가의 웹툰 원작에서 파생된 작품이라고 이해하고 받아들였을 것이다. 하지만 〈황야〉가 공개된 이후, 영화에 대한 혹평 때문인지, 아니면 영화 제작 이후 다양한 제작사들의 속사정이 변해서인지, 〈황야〉 측에서는 콘유와 세계관을 공유하지 않는 서로 무관한 영화라고 이야기하고 있다. 대중은 혼란스럽다.

〈황야〉는 사실 공개 전부터 이미 많은 기대를 한 몸에 받고 있었고, 무엇보다 마동석의 활약을 기대하는 대중이 많았다. 하지만 뚜껑을 연 〈황야〉는 콘유 세계관을 알았던 이들에게는 실망감을, 몰랐던 이들에게는 황당함을 안겨주었다. 〈황야〉는 폐허가 된 세상, 무법천지 속에서 살아가는 사람들이 생존을 위해 벌이는 생존 싸움을 그린 작품으로, 황궁 아파트를 중심으로 모든 것이 무너진 세계에 살아남은 사람들의 이야기가 주요 세계관이다. 하지만 뚜껑을 연 〈황야〉는 스토리가 빈약해도 너무 빈약해 모든 것이 빠르고 급작스럽다는 느낌을 지울 수 없다. 개연성 없는 스토리, 밑도 끝도 없는 액션, 이유 없는 죽음과 예상 가능한 스토리는 시청자들을 갸우뚱하게 한다. 〈황야〉의 스토리 전개에 콘유 세계관을 아는 대중은 싸움의 무(無)개연성에 실망하고, 이를 모르던 대중은 밑도 끝도 없이 숨 가쁘게 이어지는 싸움과 죽음에 할 말을 잃고 만다. 그런데 이제는 아예 세계관을 공유하지 않은 무관한 작품이라니. 스토리 전개는 아예 생각하지 않았다는 말로 들리는 것도 이 때문이다.

그뿐만 아니라 OTT 시대에 도래하면서 심의 제한이 풀린 한국형 액션 영화들은 얼마나 더 잔인하고 폭력적인지 마치 경쟁을 하고 있는 것 같다. 잔인한 장면이 끊임없이 쏟아지는데, 그 싸움의 중심에 주인공 마동석이 있는 격이다. 특히 우리에겐 이미 익숙한 마동석식 액션과 개그가 예상 가능한 형태로 이어지면서, 범죄도시를 다시

보는 듯한 인상을 받는다. 〈범죄도시〉뿐만 아니라 넷플릭스에 선보였던 한국 작품들의 종합 축소판이라도 된 듯, 좀비와 크리처가 등장하는 〈경성크리처〉가 오버랩 되기도 하고 황무지 · 황폐화된 도시의 모습이 김우빈 주연의 〈택배기사〉와도 흡사하며, 콘유 세계관의 중심인 〈콘크리트 유토피아〉가 그대로 보이는 것은 당연지사다. 그만큼 작품들이 혼재되어 보이는 것은 〈황야〉만의 개성이 잘 드러난 작품이 아닌, 여러 작품을 잘 섞어서 만들어낸 유사품 같기 때문이다.

하지만 혹평만이 남는 작품은 결코 아니다. 양박사를 연기한 이희준과 선생님을 연기한 장영남의 눈부신 연기에 그야말로 압도된다. 이희준은 실제 존재할법한 양박사보다 더욱 양박사 같은 모습으로 광기를 대리 체험하게 했고, 장영남 역시 세뇌된 어리석은 인간이 어떻게 바뀌고 또 돌변할 수 있는지 제대로 보여주었다. 〈황야〉의 빈약한 스토리를 그들의 개연성 있는 연기가 메꾸어주었다 해도 과언이 아니다.

극과 극의 평으로 갈리는 〈황야〉, 넷플릭스를 통해 190여 개국에 공개되었고, 많은 나라에서 비영어권 영화 1위를 수상했다. 하지만 중요한 것은 스쳐 지나가는 세계 1위의 기쁨이 아닌, 오래도록 회자될 만한 한국 콘텐츠를 만들어내는 것이라 생각한다. 그뿐만 아니라 어려운 한국 영화계에 새바람을 일으킨 트랜스미디어 스토리텔링의 탄생으로 기뻐한 한 명의 관객으로서, 영화의 평가에 따라 동전 뒤집듯 바꿔어버리는 '세계관 공유'는 대중에게 더 큰 실망감을 안겨줄 수 있다는 점을 명심했으면 좋겠다. 대중의 기대와 환호에 대한 나쁜 답안지를 받아든 기분이다.

7장

대중문화 현상과 사회고발

1. 드라마가 사회를 바꿀 수 있을까? 〈더 글로리〉
2. 〈카지노〉, 차무식이 망가지는 과정
3. 〈비프(성난 사람들)〉, 자기 조절력 실패자들이 아닌 우리 이야기
4. 소설에서 드라마로, 여성 서사의 진화
5. SNS발 인간성 상실, 그 실체를 밝히다! 드라마 〈셀러브리티〉
6. 왜 늘 예술을 물고 늘어지나: 화사 논란의 두 가지 쟁점
7. 박진영의 고집과 청룡영화상 “Changed Man” 라이브 무대

콘텐츠의 핵심은 대중이다. 콘텐츠가 대중에게 사랑받는 이유는 우리의 일상생활과 가장 밀착되어있기 때문이다. 대중(大衆)이라는 단어의 뜻에서 알 수 있듯, 대중문화는 가장 많은 사람들의 니즈와 재미를 담고 있다. 우리는 대중 속의 문화를 즐기면서 빠른 즐거움과 휴식, 더 나아가 일상의 현상과 사회를 쉽게 접하고 있다. 그러한 의미에서 대중문화는 우리의 일상이고, 콘텐츠가 담고 있는 다양한 메시지는 우리의 삶에 직간접적인 영향을 미친다. 그래서인지 외려 콘텐츠의 홍수 속에 살고 있는 대중이 '대중'과 '여론', '유행'에 얼마나 민감하게 반응하는지, 또 콘텐츠가 사회현상을 얼마나 깊이 담고 있는지 느끼지도 못한 채 살아가고 있다. 따라서 대중문화 현상은 얼마나 다양한 우리 삶의 이야기를 하고 있고, 이를 통해 세상은 어떻게 바뀌고 있는지 확인할 필요성이 있다. 그것이 우리의 콘텐츠를 보는 두 눈과 귀를 보다 능동적으로 탈바꿈시킬 것이기 때문이다.

1.
드라마가 사회를 바꿀 수 있을까? 〈더 글로리〉

송혜교의 주름진 얼굴이 반갑다

명실상부 한국을 대표하는 여자 연예인 중 한 명으로 평가되는 송혜교다. 국내뿐만 아니라 글로벌 인기스타로도 손색이 없고, 드라마는 물론 해외의 저명한 감독들과 찍은 영화도 다수 호평받았다. 하지만 그녀의 한류 스타라는 이미지는 '연기자 송혜교'보다는 '스타 송혜교'에 초점 맞추게 했다. 단조롭고 또박또박하게 내뱉는 대사 처리에 그녀의 연기는 발전이 없다는 꼬리표가 줄곧 따라붙는다. 그녀의 틀에 박힌 연기 스타일, 연하 남성 주인공들과의 로맨스 등은 그녀를 향한 부정적인 여론을 대표한다. 하지만 송혜교는 끊임없이, 묵묵히 작품활동을 하며 논란들을 불식하기 위해 노력한다. 그래서인지 드라마 〈더 글로리〉는 그녀에게 조금 색다른 도전처럼 느껴진다.

넷플릭스를 통해 2022년 12월 30일에 첫 공개된 〈더 글로리〉 속 송혜교의 모습은 어쩐지 비주얼 배우의 타이틀을 조금 내려놓은 듯 보인다. 예민하게 마른 '문동은(송혜교 분)', 상처로 얼룩진 36세 여성의 삶을 표현하기 위해 얼굴의 자연스러운 주름을 어떠한 보정도, 진한 메이크업도 하지 않은 채 그대로 내보이고 있다. 넷플릭스가 공개한 〈더 글로리〉의 예고편만 본 사람들의 입에서 "이제 송혜교도 많이 늙었네…"라는 말이 나오는 것을 보면, 어쩐지 그녀의 도전(?)은 성공적으로 비추어진다. 드라마를 본다면 그녀가 왜 그런 얼굴을 하고 있는지 자연스럽게 이해할 수 있다.

〈더 글로리〉는 해외 시청 순위와는 별개로 사회적으로 큰 이슈가

드라마 〈더 글로리〉 메인 포스터 (출처: 넷플릭스)

되었다. 송혜교의 연기 변신, 김은숙-송혜교의 만남이라는 키워드를 넘어, '학교 폭력'과 '복수'를 드라마의 주요 소재로 삼으면서, 잔인한 현실에 복수라는 판타지를 얹어 시청자들의 눈길을 사로잡았다. 일각에서는 극 중 문동은이 당한 학교 폭력이 실제 청주 모 중학교의 사건을 모티브로 했다고 한다. 그만큼 드라마보다 더욱 잔인한 현실에 '드라마 보기'가 여가활동이 아닌 일견 고통스러운 숙제처럼 느껴지기까지 한다. 그만큼 〈더 글로리〉가 묘사한 잔혹한 현실은 드라마를 보는 재미보다는 현실 같은 고통을 배가시키고 있다.

최근 몇 년간 '학폭' 연예인 폭로전으로 연예계가 시끄러웠다. 상당수의 연예인들이 학창 시절 행한 범죄에 발목이 잡혀 연예계 활동을 중단하거나 작품에서 강제 하차하는 일이 발생했다. 그중 일부는 지금도 소송전 중이거나, 혹은 진실을 밝히는 중이라며 은근슬쩍 활동을 재개했다. 해당 연예인들의 팬을 중심으로, 학창 시절의 치기를 지금에야 폭로하고 고통 주는 것은 정당하지 못한 처사라며 해당 연예인을 감싼다. 연예 비즈니스라는 것이 수많은 사람들의 공과 노력이 한 명의 스타를 향해 집중되다 보니, 이러한 불미스러운 꼬리표는 많은 이들에게 직간접적인 피해를 준다. 하지만 '치기'라는 이름으로 자행된 범죄가 오랜 세월 피해자들의 가슴속 멍에로 자리한다는 것을 안다면, 또 지금의 물질적 피해와는 비교조차 할 수 없는 고통이 피해자의 몸과 마음속에 남아 있을 것을 생각한다면 단순한 '치기'라 말장난할 수는 없을 것이다. 김은숙 작가는 '아픔' 정도로 막연했던 피해자들의 고통을 이번 드라마를 통해 세상에 알리고 있다.

드라마는 사회에 어떠한 영향을 미칠 수 있나?

〈더 글로리〉의 인기가 고공 행진하면서 파트 2의 넷플릭스 공개 시기에 대한 불만이 높아졌다. 강한 흡입력으로 한 번에 몰아볼 수밖에 없는 스토리 구성인데, 이제 막 박연진(임지연 분)에 대한 복수에 시동을 거는 시점에 넷플릭스의 이른바 '쪼개기 전략'은 시청자들의 몰입을 방해한다는 이유에서다. 파트 2는 2023년 3월 10일에 공개되었다. 이를 두고 일각에서는 아이들의 3월 개학 시즌에 맞춘 것이 아니냐는 추측이 이어졌다. 이 추측이 맞다면, 〈더 글로리〉가 청소년 관람 불가이긴 하지만, 드라마가 사회적으로 이슈몰이가 가능하다는 장점을 이용해 학생들에게 학교 폭력의 심각성을 더 즉각적인 메시지로 전달하고자 하는 제작진의 계산이 반영되었을 것이다. 그만큼 드라마의 메시지가 가진 폭발력은 크다.

〈더 글로리〉는 학교 폭력으로 시작되는 수많은 사회 문제들을 전방위적으로 묘사하고 있다. 가해자-피해자-방관자의 관계, 돈에 움직이는 교사와 학생의 관계, 교회의 부조리, 사회에 만연한 갑질 등 다양한 사회 문제들을 비교적 촘촘하게 다루고 있다. 이야기의 큰 틀만 바라본다면 학교 폭력과 복수 두 단어로 설명할 수 있지만, 그 속에는 이것이 가능 또는 불가능하기 위한 수많은 관계와 사건들이 얽혀 있음을 보여준다. 너무 사실적이고 적나라하여 감추고 싶은 현실, 드라마가 표현하고 있는 우리 사회의 어둡지만 반드시 마주해야 할 일면은 대중 각성을 위한 메시지를 가진 드라마(예술)가 왜 탄생해야만 하는지 말해주는 것 같다.

〈더 글로리〉의 공개 이후, 수많은 매체와 시청자들은 한목소리로 학교 폭력의 심각성에 대해 말하고 있다. 이는 '학교 폭력은 나쁜 것이다'라는 단순 명제에서 끝나는 것이 아니라, 학교 폭력으로 말미암아 피해자들이 평생 동안 정신적 · 신체적으로 어떠한 형태의 고통을 겪으며 살아가고 있는지 보다 상세하게 보여준다. 그뿐만 아니라 폭력을 바라만 본 수많은 이들이 '방관자'라는 이름으로 사건에 연루되어 있고, 결국은 우리 모두가 '공범'일 수 있다는 점을 확인시켜주고 있다. 〈더 글로리〉는 드라마가 사회에 어떠한 방식으로 가장 효과적인 영향력을 미칠 수 있는지 고민하는 드라마였음은 분명하다.

수많은 연진이에게 보내는 경고 메시지

〈더 글로리〉는 신드롬적 화제성을 모았다. 수많은 '연진이 패러디'가 쏟아진 것을 보면 그 파급력을 확인할 수 있었다. 개그뿐만이 아니다. 〈더 글로리〉 속 다양한 학폭 소재의 실제 피해자들이 대거 쏟아지면서 사회면을 연일 뜨겁게 달구었고, 현재 학교를 다니는 학생들은 물론 선생님들까지 다양한 반성과 성찰이 이어졌다. 〈더 글로리〉가 쏘아 올린 공에 대한민국 사회가 크게 요동쳤다.

김은숙 작가와 송혜교의 새로운 도전 역시 큰 화제가 되었다. 그동안 김은숙 작가의 필력에 대해 왈가왈부하는 사람은 없었다. 하지만 김 작가에게 로맨틱 코미디 장르의 한계, 유치한 대사 등에 대한 꼬리표는 늘 붙어있었던 것이 사실이다. 하지만 이번 작품을 통해 다양한 장르가 가능한 작가임을, 또 명실상부 '김은숙표'의 저력을 입증했다. 송혜교도 그 어느 때보다 '외모'는 내려놓고, '연기'에 집중한 작품으로 기억될 인생작을 만났다고 할 수 있다. 이 작품을 통해 백상예술상 최우수연기상, 청룡 시리즈 어워즈 대상 등 굵직한 상들을 거머쥐며 연기와 스타성을 고루 갖춘 배우임을 다시 한번 입증했다.

그뿐만 아니라 주여정 역의 이도현, 박연진 역의 임지연은 물론 학폭 가해자 역의 전재준, 최혜정, 김건우 등이 큰 사랑을 받았고, 강현남 역의 염혜란이 미친 연기력으로 드라마의 재미와 퀄리티를 크게 높였다. 이렇듯 〈더 글로리〉는 작품성은 물론이고 우리 사회에 제대로 된 영향력을 보여준 드라마로 2023년 상반기를 뜨겁게 달구었다. 끊임없이 회자되는 작품을 만들어낸 연기자들과 제작진들의 노력이 그 어느 때보다 빛난 작품이라 평가할 수 있다.

2.
〈카지노〉, 차무식이 망가지는 과정

2023년 8월, 제2회 청룡 시리즈 어워즈에서 디즈니+의 〈카지노〉가 작품상의 영예를 안았다. 역사와 전통을 자랑하는 청룡 영화상은 지난해 '시리즈 어워즈'라는 이름으로 OTT 작품만을 모아 시상하는 콘텐츠 시상식을 만들었다. 청룡 시리즈 어워즈 시상식은 시상식만으로도 큰 볼거리를 선사했다. 그 이유는 한꺼번에 다 모으기도 어려울 대한민국의 유명 연예인들을 한자리에 모았고, 후보에 오른 다양한 OTT 작품을 한눈에 볼 수 있었기 때문이다. 제2회 청룡 시리즈 어워즈 대상에는 〈더 글로리〉의 송혜교, 작품상에는 디즈니+의 〈카지노〉에 그 영예가 돌아갔다. 작품상의 수상소감에 주요 배역을 맡은 배우들이 소감을 한마디씩 했는데, 배우 김주령은 감사의 인사를 전하며 〈카지노〉에 170여 명이 넘는 배우가 출연했다고 밝혔다. 실로 놀라운 규모다. 그녀의 수상소감에 뒤늦었지만, 〈카지노〉를 시청해야겠다는 결심이 섰고, 출연자 수만큼이나 장대한 스토리와 세심한

드라마 〈카지노〉 메인 포스터 (출처: 디즈니+)

디테일을 잘 살린 드라마임을 직접 확인할 수 있었다.

〈카지노〉는 차무식의 일대기를 큰 틀로, 그가 카지노를 통해 성공하고 몰락하는 전 과정을 장편 서사로 풀어냈다. 시즌1에서는 차무식의 젊은 시절을 비교적 상세하게 다루었기에, 시즌1만 봤을 때, 그의 인생사를 담는 이야기라고 생각했다. 그중에서도 근현대사 격랑 속의 차무식의 모습은 흡사 〈파친코〉의 일부를 보는 듯한 인상을 받았다. 화면의 톤과 전개과정이 매우 흡사했기 때문이다. 하지만 시즌2가 시작되자 차무식 일대기를 따르는 서사는 거의 사라지고, 큰 사건들에 연루된 차무식과 이를 해결해나가는 오 경감을 중심으로 서사가 진행되었다.

〈카지노〉는 카지노 사업을 하게 되는 과정과 필리핀에서 카지노 왕으로 성장하여 몰락해나가고, 굵직한 사건에 연루된 차무식의 모습, 카지노 업계의 주변 인물들과 그에 기생하고 사는 소시민들의 모습까지, 필리핀 카지노와 필리핀 한인 사회의 모습을 가감 없이 보여주었다. 내용이 범죄 느와르 느낌이 강해서 당연히 잔인하고 폭력적일 것으로 예상했다. 하지만 예상과는 다르게 전체 분위기는 범죄 코미디물이라고 해도 이상하지 않을 만큼 코믹 요소들이 곳곳에 배치되었다. 다양한 에피소드는 결국 '카지노는 한 인간의 모든 것을 망가뜨린다'는 결론으로 귀결되었다. 170여 명의 수많은 연기자들이 연기하는 모든 역할들이 그러했다. 카지노의 악영향이 크든 작든 그들의 인생을 갉아먹고 있었고, 도박은 결국 인생을 망친다는 결말을 끊임없이 상기시켜주었다.

차무식은 필리핀의 성공한 사업가, 즉 카지노 왕으로 자신은 절대 죽지 않는다는 스스로에 대한 신념으로 살아온 인물이었다. 하지만 그 또한 자신이 놓은 '정팔이(이동휘 분)'라는 덫에 스스로 꿰여 결국 살해당하는 비참한 결말을 맞이하게 된다. 필리핀 올 로케이션(all location)으로 촬영한 현지 느낌 가득한 화면을 통해 동남아 특유의 습한 더위가 그대로 전해졌다. 영어를 너무 잘하는 최민식, 그리고 정말 연기의 달인이라는 생각이 들 정도로 '연기'가 아닌 그냥 차무식 그 자체를 보여준 최민식의 모습에 감탄이 절로 나온 드라마 〈카지노〉. 최민식으로 시작해 최민식으로 끝난 드라마였지만, 수많은 배우들의 앙상블이 드라마의 볼거리를 더욱 풍부하게 만들었다. 제2회를 맞은 청룡 시리즈 어워즈의 선택을 받을 만한 드라마였다고 평가할 수 있겠다.

3.

〈비프(성난 사람들)〉, 자기 조절력 실패자들이 아닌 우리 이야기

블랙 코미디의 진수를 보여준 넷플릭스 시리즈가 탄생했고, 이 작품으로 주인공 스티븐 연은 제81회 골든 글로브 TV 미니시리즈 및 영화 부문(Best Performance by a Male Actor in a Limited Series, Anthology Series, or a Motion Picture Made for Television)의 남우주연상을 수상했다. 여기에 그치지 않고, 또 한 번 역사가 다시 쓰였다. 〈비프(성난 사람들)〉가 제75회 프라임타임 에미상 시상식에서 8관왕을 달성한 것이다. 에미상은 방송계의 '오스카'로 불리는 미국 방송계 최고 권위 상이다. 이 시상식에서 한국계 감독 이성진과 그의 드라마 팀이 총 8개 부문(감독상, 작품상, 작가상, 남·녀우주연상 등)을 수상하며 〈오징어 게임〉의 기록을 깼다. 이 드라마가 〈오징어 게임〉과 비교되는 이유는 단 하나다. 한국계 창작자들이 모여 만든 작품이라는 점이다. 이성진 감독과 남우주연상을 받은 주인공 스티븐 연뿐만 아니라 배우 조셉 리, 데이비드 최, 영 마지노 등이 한국계 미국인이다. 작품 내에도 한인교회, 한국 밥솥, 라면, 카카오톡, 안마 의

자 등 한국인만 아는 소재 · 소품 및 정서가 대거 등장한다. 혹자는 미국인들이 만든 미국 작품에 왜 '한국계'라는 숟가락을 얹느냐고 비난한다. 하지만 그들을 만난다면 꼭 해주어야 할 말이 있다. 〈비프(성난 사람들)〉를 보았냐고 말이다.

〈비프(성난 사람들)〉는 미국 독립 영화계의 신흥 강자, 〈미나리〉를 탄생시킨 A24가 제작하고, 한국계 감독과 우리나라에서도 유명한 스티븐 연이 열연했다. 비프(Beef)는 '불평', '불평을 해대다'라는 의미로, 우리가 익숙하게 아는 '소고기'라는 단어와는 거리가 있다. 하지만 성난 사람들이라는 한국판 제목과 (소고기 같은) 날것 그대로의 상태는 어딘지 모르게 일맥상통하는 느낌이 든다. 주인공들의 날것 같은 팔딱거림이 전체 서사를 감싸고 있기 때문이다.

자선을 베푸는 성가족이 있는 정육점 진열대 (출처: dprime.kr 게시판 그림 참조)

특히 매 에피소드 시작마다 다소 섬뜩한 묘사의 미술작품과 소제목을 보여주는데, 이는 각 에피소드가 의미하는 바를 함축적으로 나타내고 있다. 첫 에피소드의 강렬한 그림은 네덜란드 작가 피터르 아르트센(Pieter Aertsen)의 〈자선을 베푸는 성가족이 있는 정육점 진열대〉(1551)라는 작품으로, 피가 뚝뚝 흐르는 날고기가 널려 있는 모습인데, 왠지 모를 섬뜩함을 자아낸다. 〈비프(성난 사람들)〉가 묘사하는 이야기가 매우 함축적이면서 복잡하다는 것을 의미하는 피사체로 느껴진다.

위선적 인간들의 자기 찾기

한국계 이민자 대니는 도급업자로 가난을 겨우 면하고 살아가는, 미국에 사는 K-장남이다. 동생과 부모님에 대한 책임의식이 그를 짓누르고, 이로 인해 내면에 쌓인 불만은 폭발 직전이다. 에이미는 베트남계 이민자로 미국에서 상위계급에 속하는 성공한 사업가이지만, 남편과 딸을 부양하느라 지쳤고, 여러 가지 상황으로 분노가 쌓여 있는 상태다. 둘은 로드 레이지(난폭 운전) 사건으로 우연히 서로 맞붙게 되는데, 쌓인 화풀이의 대상을 찾기만 기다려왔던 사람들처럼 크게 충돌한다. 로드 레이지 사건으로 격하게 충돌해 서로를 향한 유치한 복수가 점점 걷잡을 수 없는 상태로 커지고, 이로 인한 불길한 나비효과가 그들을 감싼다.

"성난 사람들"이라는 한국판 제목답게 주인공 대니와 에이미는 성이 나 있다. 평소에는 이 화를 억누르고 사는, 눈치 보는 미국의 소수 이민자다. 대니는 말끝마다 "결국 이럴 줄 알았다"라며 일이 안 풀리는 것을 '누군가의 탓'으로 돌린다. 그렇게 켜켜이 쌓인 성(anger)을 풀어낼 곳을 기다리기라도 한 듯, 계기가 생기자 서로를 향해 쌓인 분노를 폭발시킨다. 유치하게 시작된 복수가 하나씩 상대에게 대미지를 줄 때마다 그들은 묘한 쾌감을 느끼고, 이를 통해 언뜻 개인의 일도 조금씩 풀리는 듯 보인다.

대니는 한인교회를 통해 인정 욕구를 충족시키는데, 소수 이민자로 억눌린 삶의 의미를 한인교회라는 '뿌리'를 찾아가 치유받는다. 에이미는 회사를 매각하고 평화로운 날을 보내는 듯하다. 하지만 그들 자신의 '성남'의 근원에는 도달하지 못한 데다, 작은 복수의 문제는 더욱 커져만 간다.

드라마 〈비프〉 메인 포스터 및 스틸컷 (출처: 넷플릭스)

분노의 나비효과는 그들 주변 모든 인물들의 삶에 악영향을 미치고, 결국 둘은 서로를 절벽에서 밀어버린다. 하지만 아이러니하게도 이러한 최악의 상황들을 통해 그들은 솔직하지 못한 채 살아왔던 스스로가 이 모든 화를 자초했다는 것을 깨닫게 된다. 대니는 자신을 뛰어넘어 멋지게 살 동생이 싫어 그를 끌어내리고, 자신과 같이 그저 그런 인간으로 살게 만들었다. 동시에 그 죄책감이 삶을 억눌러왔다. 진실을 말하고 싶었지만 때를 놓쳐 인생 전체가 망가졌던 것이다.

에이미는 부모님의 성향, '뭐든 진실을 파헤치려 하지 말고 묻어두고 앞으로 나가라'는 그들의 말만 믿고 그렇게 살아왔지만, 그 모든 것이 화의 근원임을 알아차리지 못하고, 억누르기만 하며 살아간 케이스다. 결국 진실하지 못했던 그들의 일생이 로드 레이지를 도화선으로 완벽히 폭발해버리게 된다. 대니는 자신의 배선 실수로 평생의 소원이었던 멋진 집을 한순간에 불태워 먹는다. 에이미는 식물 전문가로 수십 년간 활동했지만, 먹을 수 있는 열매와 먹을 수 없는 열매도 구분하지 못하는 껍데기다.

위선적으로 살아가고 있는 현대인들의 본질을 꿰뚫으면서도 미국 속 동양인 사회를 통해 온전한 자신으로 살아갈 수 없는 구조적 문제점까지 설득력 있게 풀어낸 드라마 〈비프(성난 사람들)〉. 많은 이들에게 공감과 위로를 주었기에 에미상 작품상의 영예를 안을 수 있지 않았을까? 감독 '이성진'은 봉준호 감독의 〈기생충〉 아카데미 수상을 계기로 미국에서의 활동명을 '한국 본명'으로 바꾸기로 마음먹었다고 한다. 미국인들의 에미상 수상에 한국인들이 왜 열광하냐고? 궁금하다면 그들의 행보와 이야기, 작품 속 주제에 귀 기울여보자.

4.

소설에서 드라마로, 여성 서사의 진화

소설 〈작은 아씨들〉은 오랜 시간 다양한 매체의 수많은 작품으로 재매개되었다. 〈작은 아씨들〉이 처음 쓰인 19세기, 당시로서는 진취적이고 다소 파격적으로 보였던 네 자매의 인생 여정은 미국 사회에 큰 반향을 일으켰다. 남성 중심의 사회에서 자신의 목소리를 내고 자신들이 살고 싶은 삶의 방향을 찾아 떠나는 자매들의 모습에 당시 여성들은 열광했다. 이 소설은 네 자매뿐만 아니라 주변 인물들까지 매우 다양하고 입체적으로 그려, 수백 년의 세월이 흘렀지만, 현재까지 명작 소설로 꼽히며 많은 콘텐츠 창작자들에게 영감의 원천이 되고 있다.

지금까지 재매개된 영화 〈작은 아씨들〉은 원작 소설을 기반하여 인물들의 성격이나 에피소드를 그대로 가져온 게 대부분이었다. 소설을 즐겼던 독자들에게는 상상 속 작은 아씨들의 모습이 스크린을 통해 생생하게 재연되어 또 다른 재미를 주었다. 하지만 시대와 상황에 따라 소설뿐만 아니라 재매개된 작품들에 대한 해석도 다양했는데, 시대상에 따라 여성 서사를 바라보는 관점도 달라졌기 때문이다. 최근 종영한 tvN 드라마 〈작은 아씨들〉의 경우, 원작 소설의 재매개와는 결을 달리한다. 물론 소설 〈작은 아씨들〉 속 인물의 성격이나 성향, 인물 관계의 구성 등에서 다양한 모티브를 따왔지만, 전체적인 이야기의 구성은 완전히 새로운 작품이다. 하지만 '여성 중심 서사'라는 이야기의 큰 틀은 그대로 가져왔고, 더 나아가 이 부분을 드라마의 강점으로 내세웠다.

드라마 〈작은 아씨들〉은 가난을 숙명처럼 살아온 세 자매가 의도치 않게 거대한 사건에 휘말리며 발생하는 이야기를 담고 있다. 가난이라는 굴레를 벗어나기 위한 자매들의 삶과 역경이라는 소설의 이야기를 바탕으로 인물의 디테일을 다르게 각색했다.

첫째 인주는 소설 속 '메그'처럼 책임감이 강하지만 가난한 상황을 불평하고 부자들을 동경하는 허영심을 가진 캐릭터다. 사건을 통해 부자들의 실체를 깨닫고 현재를 살아가기 위해 노력하는 인물로 변모한다. 둘째 인경은 소설 속 '조'처럼 글쓰기를 좋아하는데, 가난 때문에 현실에 타협하기보다는 정의를 택하는 인물이다. 자매 중 셋째는 모두 병으로 일찍 세상을 뜬 것으로 그려졌고, 드라마 속 막내 인혜는 넷째 '에이미'처럼 예술적 기질이 뛰어나 화가를 꿈꾸며 성공하는 인물이다. 이 밖에도 대고모-고모할머니, 이웃 할아버지 로렌스 씨, 손자 로리-종호 등 인물 관계 등은 비슷하지만 다르게 구성했다.

여성들로 채워진 사건의 기승전결, 그리고 엄마의 부재

드라마 〈작은 아씨들〉이 여성 중심 서사로 구분되는 이유는 사건을 이끌어가는 주체도 여성, 이에 대적하는 빌런도 여성, 이들을 조력하는 인물은 남성으로 채워졌기 때문이다. 그동안의 수많은 작품들이 여성들을 남성의 조력자 또는 방관자로 그렸던 것에 반해 〈작은 아씨들〉은 진정한 의미의 여성 중심 서사를 완성해나갔다. 드라마는 주인공 세 자매뿐만 아니라 다수의 여성 등장인물들을 통해 사건을 만들고 또 풀어나간다. 그 중심에는 당연히 세 자매 인주, 인경, 인혜

드라마 〈작은 아씨들〉 메인 포스터 (출처: tvN)

가 있다.

가난에서 벗어나기 위해 고군분투하는 세 자매의 불행의 시작은 무능력을 넘어 책임감까지 상실한 부모, 그중에서도 엄마의 이기심에서 비롯되었다. 성인이 된 두 자매가 가난에서 벗어나 동생 인혜를 잘 키우기 위해 노력하는데 엄마는 이에 도움은커녕 사사건건 방해 요소가 된다. 결정적인 순간마다 도망가는 엄마, 그 엄마의 부재로 말미암아 세 자매의 불행은 시작된다.

이 세 자매와 대립각을 세우는 인물은 원상아 관장이다. 모든 악의 축은 원상아 관장으로 귀결되는데, 그녀가 악인으로 거듭난 이유 역시 엄마의 부재다. 범죄를 눈감을 수 없었던 그녀의 엄마는 자의 반 타의 반으로 딸과의 관계를 저버렸고, 이는 원상아를 괴물로 만드는 결정적인 요인이 된다. 이는 원상아의 딸 효린에게도 그대로 대물림되는데, 부자로, 얼핏 넘치는 사랑을 받는 듯 보이지만 효린은 천애 고아나 다름없다. 또 핵심 사건에 휘말린 엄마와 그 사건 때문에 죽음에까지 이른 엄마의 복수를 위해 사건의 도화선이 된 진화영까지. 모든 사건의 시작과 끝은 사랑의 결핍과 엄마의 부재, 그로 인한 나비효과다. 사건의 원인, 과정, 결과 모두 여성으로부터 시작되고 마무리된다.

여성 중심 서사, 그중에서도 '엄마의 부재'라는 핵심 구심점으로 관통한 〈작은 아씨들〉은 여성들의 연대를 통한 악인의 처단이라는 정서경식 권선징악을 잘 구현해냈다. 가난하지만 진실과 정의를 택한 세 자매의 고군분투가 이 시대에 걸맞은 여성 서사를 완성했다고 볼 수 있다. 일각에서는 700억 원의 애매모호한 출처와 이를 나누어 가진 세 자매의 모습이 정의와는 다소 거리가 먼 것이 아닌가 하는 의문을 품지만, 이는 권선징악의 깔끔한 마무리를 위해 필요했던 상(賞)쯤으로 해석해야 하지 않을까?

5.

SNS발 인간성 상실, 그 실체를 밝히다!
드라마 〈셀러브리티〉

새로운 SNS 또 등장? SNS 피로증후군에 시달리는 대중

인스타그램과 페이스북을 운영하는 메타는 트위터의 대항마로 '스레드'라는 새로운 SNS 플랫폼을 개발했다. 실행 닷새 만에 가입자 수 1억 명을 돌파하며 트위터의 위상을 흔들었다. 스레드는 인스타그램이나 페이스북과는 다르게 '텍스트 기반 채널'이라는 특징을 가지고 있다. 500자 제한의 짧은 게시글과 함께 사진 및 동영상을 업로드할 수 있다. 광고로 도배된 기존 SNS 이용이 불편하거나 텍스트 중심의 SNS 이용을 선호하는 이들, 또 오너 리스크 등으로 탈(脫)트위터를 원하는 이들을 위한 대안 SNS로 인기를 끌고 있다는 분석이다. '스레드'가 아직은 광고를 노출하지 않는 만큼, 부담 없이 자신의 생각과 이야기를 나누거나, 필요한 정보를 쉽게 검색할 수 있다는 이점을 가지고 있다. 물론 언제까지 광고가 노출되지 않을지는 미지수다.

새로운 SNS의 등장 소식에 반응은 엇갈린다. 업계는 요동쳤지만, 피로감을 호소하는 이들이 적지 않다. 이른바 SNS 피로증후군에 시달리는 이들에게 새로운 SNS는 스트레스를 가중시킨다. SNS 피로증후군의 근본적인 이유는 무엇일까? 다양한 종류의 SNS가 이용자들에게 부담으로 다가오는 것도 사실이지만, 이보다 어느 순간부터 '자기 과시'의 수단이 된 SNS로 인해 '인간성 상실'을 경험하는 이들이 늘고 있기 때문이다. 정확지 않은 (광고성) 정보들, 자기 과시형 게시물, 이로 인해 타인의 일상생활에서 상대적 박탈감을 느끼는 대중이 늘면서 '나' 자신은 사라지고, 'SNS 속 나'만 남고 있다.

그뿐만 아니라 하나의 거대 산업이 된 SNS 상거래는 '셀럽(인플루언서)'이라는 새로운 직업군을 탄생시켰다. 셀럽들은 SNS를 통해 자신의 일상생활에 제품을 녹여내어 판매한다. 대면한 적 없는 셀럽의 삶이 SNS를 통해 실시간 생중계된다. 이른바 '라방'으로 일컬어지는 SNS 라이브 방송은 트렌드의 중심이 되고, 'DM(다이렉트 메시지)'으로 대면한 적 없는 이들과도 자유로운 소통이 가능해졌다. 대중은 셀럽을 가까운 지인쯤으로 착각하거나, 그들의 삶을 동경하고 그들의 일부가 되길 희망한다. 신흥 귀족과 시녀라는 속어가 유행어처럼 번지는 것은 당연하다.

이로 인한 부작용은 다양하다. 유명해지기만 하면 돈이 되는 세상이 된 듯한 SNS 속 세상은 대중의 삶에 적지 않은 영향을 미친다. 셀럽들의 일반적이지 않은 삶을 동경하고, 자신을 비교하며 우울해하거나, SNS 속 행복한 순간을 담기 위해 수입을 크게 초과하는 지출을 서슴지 않는 등 나열하기조차 힘든 인간성 상실이 펼쳐지고 있다. 최근 공개된 넷플릭스 오리지널 드라마 〈셀러브리티〉는 이러한 SNS 세계를 작정하고 파헤쳤다. 화려한 SNS 속 숨겨진 어두운 그림자, 셀럽도 대중도 인간성 상실을 겪고 있지만, 알지 못했던 정확한 실체를 낱낱이 그려냈다.

문제적 드라마가 될 수 있었는데… 이슈화는 성공! 하지만 너무 많은 시사점

〈셀러브리티〉는 SNS 세상 속 셀럽들의 화려하고 치열한 민낯을 그리며 넷플릭스 글로벌 TOP10 TV(비영어) 부문 1위에 등극하는 등 화제를 모았다. 드라마는 일반인이었던 '서아리(박규영 분)'가 셀럽이 되는 과정을 통해 SNS 셀럽들의 추악한 민낯과 이로 인해 발생하는 개인과 사회의 문제를 소상히 다루었다. 〈셀러브리티〉 속 사람들은 소위 '계급'으로 나뉘는데, 재벌이나 정치인의 자제로 구분되는 일명 '찐' 부자, 유명세 하나로 신분 상승을 이루어냈다고 믿는 셀럽, 그리고 이를 추종하는 시녀들로 분류되는 대중이 있다. 이 분류는 그들 자신의 유명세와 권력을 자화자찬하기 위한 '셀럽 분류법'으로 주인공 '서아리'는 이를 혐오했지만 점점 이 분류법을 이용하는 인물로 그려진다. 드라마는 SNS를 중심으로 인간의 원초적 본능과 욕망은 물론, 정 · 재계의 '혼맥', 셀럽들의 마약 파티, SNS 상거래의 사기 행각, 악플러, 딥페이크 사기까지 수많은 사회적 문제를 수면으로 올렸다. 특

드라마 〈셀러브리티〉 메인 포스터 (출처: 넷플릭스)

히 셀럽의 삶을 너무 동경한 나머지 익명성 뒤에 숨어 악플과 허위사실 유포로 인생을 망쳐버리는 한 여성의 최후를 통해, SNS 세상 속에서 자신을 잃고 허영만을 좇는 삶이 어떻게 인간성 상실로 이어지는지 고발했다.

하지만 〈셀러브리티〉는 이슈화에는 성공했지만, 드라마로서 많은 아쉬움을 남겼다. 우선 SNS를 둘러싼 너무 많은 사회적 문제들을 다 언급하려다 보니, 이야기의 중심은 사라졌다. 특히 '진태전(이동건 분)'의 '서아리'를 향한 분노의 명분이 너무 약했다. 또 특정 사건으로 긴장감과 추리력을 유발하지만, 느슨한 긴장감에 오히려 지루함이 느껴진다. 그뿐만 아니라 국내 드라마를 비판할 때 항상 거론되는 하나, '다 된 밥에 로맨스 뿌리기'가 드라마의 발목을 잡는다. SNS의 문제점 및 사회적 이슈들을 밝히고 고발하는 데만 집중해도 산만한 스토리가 '절대 빠져서는 안 될' 로맨스 때문에 더욱더 산으로 가는 느낌이 든다. 과함이 모자람만 못하다는 말을 잘 보여주는 드라마의 전형이다. 그럼에도 우리 일상생활에 뿌리 깊게 박힌 현 세태를 신랄하게 고발하여 많은 생각할 거리를 안겨준 드라마 〈셀러브리티〉, 아쉬운 점은 많지만 시사하는 바는 크다.

6.

왜 늘 예술을 물고 늘어지나: 화사 논란의 두 가지 쟁점

화사 논란으로 대중문화계가 뜨거웠다. 이미 2023년 5월에 발생한 일인데, 여전히 많은 사람들에게 회자되는 것을 보면 화사가 현재 대중음악의 아이콘 중 한 명인 것은 분명해 보인다. 사실 기삿거리와 이슈로 회자되고 끝날 수도 있었던 일이 꽤 오랜 시간 논란이 된 이유는 해당 건이 고발을 당했기 때문이다. 대체 무엇이 '화사 논란'이 되었고, 이를 어떠한 시각으로 보아야 할까?

화사는 지난봄 국내 모 사립대학교의 축제 무대에 올랐다. 해당 공연은 tvN의 〈댄스가수 유랑단〉 프로그램을 동반하여 출연한 것이라 사실상 일반적인 대학 축제 무대와는 그 의미가 조금 달랐다. 자신보다 많게는 수십 년 선배인 가수(김완선, 이효리, 보아 등)들과 함께 서는 무대였고, 그 무대가 방송을 통해 방영되기로 약속된 무대였다. (당연히 가수 본인은 그 사실을 인지하고 있었을 것이다) 화사는 래퍼 로꼬와의 콜라보 무대곡 "주지마"에서 불필요한 손동작의 선정적인 퍼포먼스를 했고, 이는

tvN 예능 〈댄스가수 유랑단〉 제작보고회 (출처: 스타투데이)

온라인 SNS 밈으로 수없이 공유되었다. 해당 축제 후, 수많은 일간지를 통해 해당 퍼포먼스는 '선정성 논란'이라는 이름으로 앞다투어 기사화되었다. 댓글 제한이 없는 사회면으로 기사화되었고, 화사 퍼포먼스 자체에 대한 의견과 더불어 화사라는 가수에 대한 무분별한 악플이 이어졌다. 사실상 SNS 밈도 밈이지만, 수많은 기사를 통해 해당 건은 전 국민적 이슈가 되었다.

그렇다면 화사의 퍼포먼스는 예술일까 외설일까? 화사의 퍼포먼스는 직관적 몸짓을 통해 자신이 전하고 싶은 메시지를 표현한 '예술'이었다. 감상자인 대중은 무대 전체를 통해 화사가 선보인 예술의 맥락을 이해하고 즐겼을 것으로 보인다. 분명 일부의 관람객은 전체 맥락에서 조금 벗어난 과한 손짓에 얼굴이 찌푸려졌을 수도 있다. 하지만 해당 곡 "주지마" 자체가 남녀의 농밀한 사랑 이야기를 베이스로 하고 있고, '대학 축제'라는 청춘의 열기를 더해주는 일종의 촉매제 역할을 했으리라 생각된다. 화사의 해당 퍼포먼스만 떼어놓고 본다면, 비판의 목소리를 가하는 사람들이 많을 수 있다. 하지만 퍼포먼스의 맥락에서 이를 외설로 단정 짓는 것은 무리가 있어 보인다.

예술의 자정작용이 필요했다

화사의 퍼포먼스에 한 학부모단체가 고발을 했고, 해당 논란은 일파만파 커졌다. 버버리맨보다 더 심각한 사회적 악영향을 준다며 공연음란죄로 고발한 것이다. 이에 대한 비판도 상당하다. 우선, 학부모단체는 해당 공연에 참석하지 않았고, SNS 밈과 신문기사를 보고 제3자적 입장에서 화사를 고발했다. 공연의 맥락은 살피지 않았을 것이다. 인터넷에 떠도는 글과 일부분의 영상만을 보고, 버버리맨에 준하는 법적 처벌을 주장하는 것은 도가 지나치다. 공연음란죄는 사실상 추상적이고 관념적이다. 물론 법에 과도하고 노골적인 방법으로 성적 수치심을 일으키고 성적 도덕관념에 반하는 행위라고 명시하고 있지만, 그녀의 퍼포먼스를 버버리맨에 비유하는 것은 잘못되었다. 그 목적과 의도가 다른 것에 같은 결과를 갖다 붙이는 것은 비판이 아닌 비난이다.

그럼에도 양측 모두에 일정의 책임은 있다고 생각한다. 예술은 죄가 없다. 무슨 일만 발생하면 모두 '예술'을 운운한다. 그야말로 예술을 물고 늘어진다. 화사 측에서는 예술이니까 가능한 것을 예술로 받아들이라며 저항한다. 학부모단체 측에서는 예술이면 모두 다 된다는 이른바 '예술 만능설'을 경계해야 한다고 주장한다. 비판적 시각으로 대중문화를 바라보았던 아도르노는 예술에 대해, 예술은 자신만의 카테고리에서 정치적 도구로 활용되지 않는 예술의 무기능성을 통해 사회에 저항하고 사회를 견지해야 한다고 이야기했다. 예술 자체로 이미 무기능적으로 사회적 순기능을 하고 있으니, 직접적인 정치적 도구로 예술을 이용하지 말고, 비사회적 태도를 견지해야 한다는 것이다.

화사의 예술 활동이 아주 큰 의미를 담은 사회적 저항이었다고 보진 않는다. 본인이 의도하든 의도하지 않았든 사회적 저항과는 큰 관련이 없어 보이기 때문이다. 그렇다면 결국 예술이라는 이름으로 자신을 표현하고, 다양한 무대를 통해 대중과의 소통이 가장 중요시되는 대중가수에게 대중의 의견과 평가는 참고해야 할 사안들이다. 고전 예술처럼 자신만의 카타르시스를 위해 하는 예술이 아닌, 대중의 예술이기 때문이다. 화사를 향한 악플이 많았던 것도 사실이지만, 해당 퍼포먼스, 그녀의 예술 행위에 대한 대중의 의견은 굉장히 신랄했다. 내가 듣기 싫은 소리는 다 악플이 아니듯, 일정 부분 대중의 의견을 참고하고 이에 대한 깊은 고민도 필요한 때다.

또 시민단체도 예술을 정치나 사회 문제로 물고 늘어질 것이 아니라, 사회적 분위기와 대중의 의견에 의해 자연스레 논의되고 치유

되도록 놔두는 지혜가 필요해 보인다. 모든 예술을 '나'의 잣대로 해석할 수는 없다. 예술은 예술 그 자체로 예술의 순기능이 있기 때문이다. 예술을 물고 늘어지지 말자. 예술은 죄가 없다.

7.
박진영의 고집과 청룡영화상 "Changed Man" 라이브 무대

박진영은 명실상부 K-POP의 역사다. 박진영이 한국 음악계와 K-POP의 세계화에 미친 영향에 의문을 제기하는 이는 많지 않다. JYP라는 회사는 과거나 지금이나 박진영의, 박진영에 의한 엔터테인먼트다. 박진영에 의한 'JYP 회사' 시스템에 불만을 품는 이들도 있을 수 있지만, 그의 히트 메이킹은 모두 인정하는 분위기다. 2023년 연말, 박진영은 신곡 "Changed Man"을 발표하면서 활동을 시작했다. 이에 몇몇 예능에 나와 신곡 홍보와 동시에 음악에 대한 자신의 견해를 밝히며 K-POP의 미래를 전망했다. 특히 tvN 〈유 퀴즈 온 더 블럭〉(이하 '유퀴즈')과 성시경의 유튜브 〈만날텐데〉 코너에 출연해 입담을 과시했다. 그의 고집과 열정이 현재의 박진영과 JYP를 만들었다는 것을 새삼 깨닫게 하는 대목이다.

〈유퀴즈〉가 조금 특별했던 이유는 K-POP의 두 거장, 박진영과 방시혁의 동반 출연에 있다. 그들의 출연 자체만으로 이미 많은 이들의 관심과 호기심을 유발했다. 단순 호기심이 만족감으로 변하는 데는 몇 분의 시간이 걸리지 않았는데, 박진영과 방시혁의 끈끈한 우정과 그들의 열정, K-POP의 과거, 현재, 미래 그리고 두 사람의 피아노 연주와 노래까지, 쉴 틈 없는 다채로운 구성이 눈길을 사로잡았다. 그 중에서도 박진영의 열정과 음악에 대한 깊은 사랑은 '현역 박진영'에 대한 신뢰에 바탕을 두었다. 또 인상 깊었던 부분은 방시혁의 박진영을 향한 존경의 마음이었다. 누가 봐도 조금은 시니컬하고 냉소적인 방시혁 의장이 인정하는 박진영, 그리고 박진영 앞에서는 무장해제되는 방시혁의 모습이 보는 이들을 놀라게 했다. 이 밖에도 그들의 철학, 인생관, 음악에 대한 전반적인 가치관 등을 엿볼 수 있었는데, 박진영의 현역으로서의 열정과 목표를 그 어느 때보다 분명히 하는 시간이었다.

이는 곧이어 성시경의 유튜브 채널 〈만날텐데〉 코너에서도 어김없이 드러났다. 〈유퀴즈〉보다 더욱 솔직하고 과감한 발언을 이어간 그는 음악에 대한 열정을 가감 없이 이야기했다. 특히 그는 오직 자신의 삶은 음악을 위해서만 돌아가기 때문에 다른 신경 쓸 일은 절대 만들지 않는다며, 음식을 하지 않는 이유도 결국 음악 때문이라고 말했다. 곧이어 제작자로서가 아닌 가수 박진영의 음악에 대한 사랑과 열정에 대해서도 끊임없이 이야기했다. 특히 그가 제일 두려운 것 중 하나는 자신의 콘서트 표가 매진이 되지 않거나, 표를 사는 사람이 없어지는 것이라는 매우 현실적이면서 직관적인 고민과 걱정을 토로했고, 이 또한 그의 할아버지 현역 댄스가수에 대한 꿈을 다시금 상기시키는 부분이었다. 그의 열정은 솔직히 대중 모두가 다분히 아는 사실이

긴 한데, 이 '현역'과 '댄스가수'에 대한 현실적 문제가 의외의 순간에 터져 나왔다.

박진영의 청룡영화상 축하공연, 악플 그리고 〈골든걸스〉

박진영은 2023년 11월 열린 청룡영화상의 파격적인 무대로 이슈의 중심에 섰다. 파격은 단순히 그의 새로운 퍼포먼스에 있지만은 않았다. 라이브 무대에서 보여준 음이탈과 호흡 조절 실패 등의 '라이브' 대참사는 파격을 넘어 당혹스러움을 가져왔기 때문이다. 그의 퍼포먼스에 당혹스러운 건 비단 시청자뿐만은 아니었다. 시상식 퍼포먼스 무대 참석 배우들의 반응은 늘 대중의 관심의 대상인데, 해당 퍼포먼스를 접한 연기자들이 그들의 당혹스러움을 숨기지 못했기 때문이

박진영의 청룡영화상 무대 (출처: 제44회 청룡영화상 시상식 중계 캡처)

다. 반응은 실시간 생중계되면서 수많은 밈을 만들어냈고, 박진영 무대에 대한 혹평이 쏟아졌다.

2023년 그는 자신의 '제작 능력'을 살려 KBS 〈골든걸스〉라는 프로그램을 진행했다. 걸그룹 제작 예능이다. 한 가지 특이점은 국내 실력파 여성 보컬 네 명(인순이, 이은미, 박미경, 신효범)을 모아 이른바 최고령 여자 걸그룹을 만드는 것이다. 그는 방송에서 좋게 말하면 디렉팅, 나쁘게 말하면 각종 지적을 쏟아내며 국내 최정상급 선배들을 걸그룹으로 만들기 위해 노력한다. 하지만 청룡영화상에서 보여준 박진영의 퍼포먼스와 〈골든걸스〉 속 제작자 박진영을 동시에 접한 대중은 박진영에게 쓴소리를 쏟아냈다.

공기 반 소리 반이라는 희대의 명언을 만들어낸 그가 보여준 기대 이하의 라이브 무대는 그가 그간 꿈꿔온 '할아버지 댄스가수'의 꿈을 무색케 했다. 일각에서는 저 나이에 저런 퍼포먼스가 가능한 사람은 얼마 안 된다며 박진영을 두둔하고 나섰다. 하지만 그가 가진 자신과 타인에 대한 높은 판단 기준은 이러한 '두둔'을 듣기 위한 행보는 아님이 분명하다. 물론 AR 반주 없이 전부 라이브로 소화하려는 박진영의 고집을 엿볼 수 있긴 하다. 그럼에도 혹평을 그대로 인정하고, 수긍하며 이를 변화를 위한 무기로 재활용했다. 박진영의 길은 여전히 험난하고 거침없지만, 아직은 현역이고 싶은 그의 꿈이 모든 이들의 본보기가 돼주길 바라본다.